人生困惑問莊子

第一部

傅佩榮 著

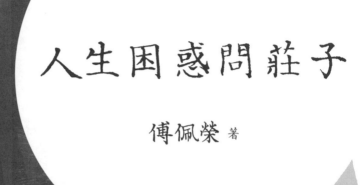

自序

莊子與現代人生

莊子是一位哲學家。

哲學是對人生經驗做全面的反省，再就「人與自我、與他人、與自然界、與超越界」這四方面提出完整的說明，由此展現理想的人生是怎麼回事。

依此為標準，則儒家與道家是典型的哲學，而孔子、孟子，以及老子、莊子，就是真正的哲學家了。哲學家不可能脫離他個人生活的時代與社會，但是他的思想必定蘊涵某些永恆的理念，足以啟發一代又一代的愛智之士。

我在中年以後，特別喜歡《莊子》一書，不僅百讀不厭，並且每讀必有收穫。譬如，他的「鯤鵬」寓言除了讓人開拓心胸，騁其遐思而化解煩惱之外，還揭示了人的生命有一種不凡的嚮往，可以提升轉化到與天地同大的境界。又如，他的「魚樂」辯論能夠勝過對手，並非如一般注疏家所謂的憑藉「體驗萬物」，而是因為他指出對手提問時的自相矛盾。這其中固然充滿了學術探討的趣味，更可貴的是：莊子思想所輻射出的深度、廣度與高度，無不讓人驚艷。

依我所見，莊子思想展現四種作用，就是：上承老子，下啟禪宗，針砭儒家，會通西方。首先，老子是道家的創始者，而莊子在〈大宗師〉篇有關「道」以及悟道的「真人」所作的描述，足以證明他得到了老子的真傳。其次，莊子有些寓言讀來像是禪宗公案，都是要隨機點化眾生的執著，助人覺悟自性，只是莊子並無佛教的框架，所以更顯靈動活潑。然後，莊子是儒家的諍友，一眼看穿孔子的悲願與抱負，但又感嘆其後學只知「外化」與社會妥協，而不明白「內不化」的可貴奧義。最後，所謂「會通西方」，是指莊子多次讚美古人的至高智慧是了解「未始有物」，這與西方哲學家一再探問「為何是有而不是無？」正有異曲同工之妙。

因此，像莊子這樣的全方位哲學家，在聽到現代人提問請教時，會如何回應呢？他的答案對我們又有多大的參考價值呢？當我們在考慮「貧困還能快樂嗎？如何面對生老病死？風險與利益如何考量？如何與自己、與他人、與自然相處？以及如何抵達逍遙之境？」這些難題時，如果能與莊子一起磋商，聽聽他的想法，不是一件讓人期待的美事嗎？

《人生困惑問莊子》的初稿是我於二〇〇七年在上海電視台「文化中國」欄目所作的專訪節目內容。節目主持人所設定的問題，現在改寫為每一章的前言，可以引發讀者繼續閱讀的興趣，而內文則是我多年研習莊子的心得。有關引文及其白話譯文，請參考立緒版的《莊子解讀：新世紀繼往開來的思想經典》與天下文化版的《逍遙之樂：傅佩榮談莊子》二書。且讓我們一起品味莊子的智慧盛宴。

傅佩榮

二〇一三年八月五日於台北

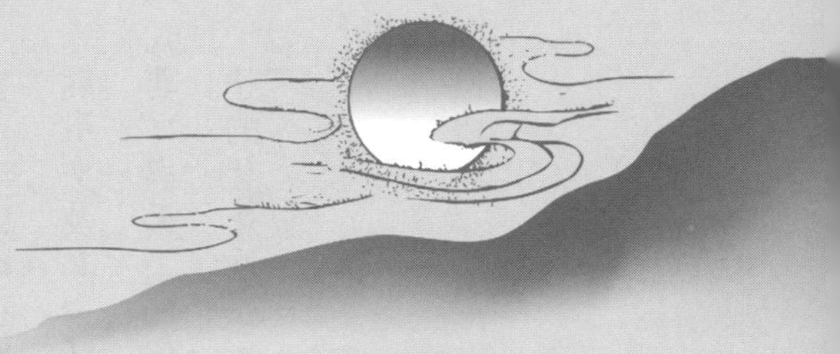

目錄

第四講　風險與利益及義 087

• 莊子怎麼看待「利」，以及逐利時背後必然隨之而來的風險？
• 當有很多人為了逐利，不擇手段，甚至採取一些非法的、違規的方式來逐利時，就需要談到另一個層次了，叫做「義」。「義」是什麼？
• 莊子說過，人要想活得自在應該突破的四個限制中，其中一個就是義利。為什麼利和義會成為一種限制？又該如何去突破呢？
• 在莊子看來，義和利之間應如何取捨？

第五講　與他人相處 117

• 莊子交不交朋友？他在交友方面能給我們什麼樣的意見？

第六講 與自己和諧

- 莊子為什麼提出「先己後人」？
- 虛偽造作容易被人討厭，但相反的，性情中人在社會上也容易碰壁，莊子會怎麼看待這兩種人？
- 關於與人相處之道，在莊子給我們的建議中，最關鍵的是什麼？
- 以哲學研究的角度來看，憂鬱症的癥結何在？莊子筆下人物或莊子本人有沒有憂鬱症呢？
- 在莊子歸納的人的情緒中，哪些容易造成憂鬱症？如何避免這些情緒產生太糟糕的後果？
- 人很難一直超越自我或他人，當停在一點沒有前進時，如何讓心感到滿足？
- 莊子會給憂鬱症開什麼藥方？

第七講 與自然和諧

- 人們在建設、發展的過程中，常會說「人定勝天」，莊子怎麼看待這句話？
- 人類的欲望不斷擴張、不斷追求文明進步，但在追求過程中卻忽略了節制，直到現在，想回過頭去談天人合一、人與自然的和諧相處，是不是越來越困難了？
- 現代很多人會以住到郊區、出去旅遊的方式親近大自然，這符不符合莊子的想法？
- 人們到底應該如何看待大自然？

第八講 逍遙人生的最高境界

- 為什麼大多數人都覺得「逍遙自在」離我們很遙遠？
- 生活中天天都有那麼多煩惱，年輕的時候用健康換錢，年紀大了用錢換健康，在這樣的過程中，哪裡有快樂和享受？
- 如果每天都很有計劃地過日子，符不符合莊子的「道」？
- 「道」究竟在哪裡，過逍遙人生的秘訣又是什麼？
- 莊子有所謂「大美」，是要在天地之間去尋找的，在自然中才能找到真正的逍遙嗎？

第一講

認識莊子與道家

- 莊子是一個怎樣的人？
- 莊子虛無縹緲的哲學對實際的人生困擾有作用嗎？
- 莊子所謂的「道」能夠解決什麼問題？
- 儒家和道家是互相矛盾的嗎？

人的一生存在著很多變數，像健康、愛情、工作、事業，甚至生命，時時都可能突來巨變。有的人昨天還身無分文，今天卻中大獎成了百萬富翁；有的人今天還活力十足，明天就離開了人世間；曾經相親相愛的夫妻突然間就反目成仇……生活中這樣的大喜大悲屢見不鮮。面對成功，有的人像范進中舉，結果樂極生悲；有的人面對挫折就茶飯不思、尋死覓活。這些都是在遭遇變故的時候，人的心靈承受不了而發生的悲劇。其實對於人生的種種煩惱，有一個叫做莊子的人，有很多破解的辦法。莊子到底是個什麼樣的人？

◎莊子有怎樣的思維？

翻開《莊子》，可以看到，莊子用幾種筆法來描寫世界。

首先看第一篇〈逍遙遊〉，在〈逍遙遊〉中，鯤變成鵬，鵬一飛，飛到九萬里，飛到這麼高的地方。大鵬鳥到了這麼高的地方，回頭看什麼？看地球。

並且說，我們平常在地上看天空，蒼蒼茫茫真是漂亮，好像很幽遠深邃；如果你從高空看地上，也是一樣的感覺。這句話提醒我們，距離產生美感；但是莊子的用意不在於只是美感而已，他希望你能夠擺脫現實的各種束縛。

第二個是在《莊子‧秋水篇》裡，莊子說：「秋水時至，百川灌河。」黃河暴漲，暴漲之後，向東慢慢地流過去了，流到海裡面去。河伯，就是河神，本來以為自己很了不起，為什麼了不起呢？河的兩岸互相看過去，分不出對面是牛還是馬，牛跟馬這麼明顯的差異都看不清楚，代表河面實在是太寬廣了。但是到了海一看，甚至沒有岸也沒有邊。河伯就說，還是海神厲害。結果海神說，我們都不算什麼，整個中國在四海之內，只是倉庫裡面的一粒米而已。我們想想看，用一粒米來描寫中國，那地球不過是一塊小石頭。

莊子會有這樣的思維，最主要是因為，他是道家。在我們中國歷史上，道家是最特別的一個學派，其他的學派，譬如儒家、墨家、法家、名家、陰陽家，每一家都很落實，只有道家例外。他們所謂的落實是落實在具體的生活規範裡面，希望找一條路，達到人生的某種幸福與快樂。但是道家認為，他們做的這些事，是五十步和百步的差別，做了半天是無效的，還不如培養智慧。智慧要靠覺悟，只有一個辦法，從「道」來看萬物。「道」是代表整體，在整體裡面每一樣東西都值得珍惜。莊子從整體來看時，他才能夠超越相對的事物。不只是超越高山大海，還要超越整個地球。譬如說，泰山很高，如果從太陽去看泰山，泰山就很低。這就是莊子的方法。

◎我們感知到的這個世界，是實實在在的。我們說人生在世，有諸多的困惑，不要說現在很多人最需要的房子、車子、銀子、孩子、妻子等等一些問題都在困擾著我們，就是我們自身，也常常會自尋煩惱。莊子的那種看似比較虛無的、縹緲的哲學，有用嗎？

在現代社會，如果對於困擾現實的各種解決方案不能滿意的話，很多人就會找心理醫生或者各種專家來解惑；但是他們有些解得讓你不滿意，有些無法從根本上說明問題，那麼就只有嘗試另外一條路了。譬如儒家。假使儒家讓你覺得有壓力，那道家說不定可以讓你解除壓力。其實很多問題，在內不在外，問題不在於別人造成什麼環境，而是你自己陷入什麼樣的盲點，你有執著就看不清真相。可以說，莊子的方法很多，其中之一就是你要從一種「重外而輕內」的態度轉變，變成「重內而輕外」。所謂的「重外而輕內」，一般人都是這樣做。前面提到的車子、房子、妻子等，正所謂世人所說的「五子登科」，什麼都要，但是這些都是「重外」。有的人會以為，得到這些就會快樂；但是問題是，得到這些之後又不見得快樂，說不定更加煩惱。所以，在這個時候就要問：是不是我們過於重視外在的一切？因為外在的東西有時候是沒有限制的，像錢是沒有人嫌多的，但是多少才算夠呢？最後還是要問：多少才算夠？你不能一直追逐這個東西，它的範圍那麼廣，有趣的東西那麼多，你如何全部得到呢？因此我們最後還是要把焦點拉到自己的內心裡面，讓自己先定下來。

◎莊子的哲學，莊子所謂的「道」，能夠在哪幾個方面解決問題？

首先，「道」是一個整體，我自己從「道是整體」就得到很多啟發。譬如，我這一生是一個整體，我失意、得意的時候，整體加起來的總和是一樣的；因此，得意的時候我不會太囂張，失意的時候我不會太難過。我反而體認到，一個人要準備好，在失意的時候好好充實自己，調整自己的腳步，將來得意的時候才能走得更久；得意的時候就要珍惜，不要以為現在就勝過別人了，差得遠呢，根本就還沒有到終點。如果經常這樣想的話，生命會永遠保持著一股向上的動力。其次，我學到莊子的「不得已」三個字。「不得已」是什麼意思呢？不是勉強、委屈、被迫，而是當各種條件都成熟的時候，我就順其自然。我念莊子的書，發現從人的情緒、人心的變化到社會各種複雜的黑暗面，莊子全部了解，並且沒有人像莊子一樣了解得這麼透徹的，為什麼？因為他能夠隨時注意到各種人情世故的變化。「不得已」是說條件成熟，我就順著去做，所以關鍵在於判斷條件是否成熟；這就需要一種對人間的透澈智慧。譬如，後面將會提到，莊子沒有做過大官，但是他對於大官的心態，對於大官面對國君的時候那種緊張、恐懼的心態完全了解。

我們學習《莊子》之後，至少在四方面可以提供我們某種超越的觀點，第一個是空間方面。平常很多人見面聊家常，一見面就問：你家裡有幾坪啊？不要羨慕別人，你再大也只不過在地球上，在台灣這一個小小的地方。美國有一位作家，叫做梭羅，他寫過一本書《湖濱散記》，其中描寫他一個人住在瓦爾登湖畔兩年零兩個月的見聞與心得。當地很多農夫很好奇，這位哈佛大學的哲學系畢業生怎麼跑到湖邊來住呢？有時候他到農村去買一些工具，別人就問他：你一個人住在湖邊不覺得寂寞嗎？他怎麼回答？他表面上說「不會的」，心裡想的是莊子的話。他說：整個地球在宇宙裡面是一個黑點，在黑點上面你問我，我們距離很遠，寂寞不寂寞，這不是笑話嗎？所以莊子的書也影響到外國人了。也就是說，在空間上要化解各種相對的觀念，不要羨慕別人地方大，或者有各種設備，不要羨慕這些。

《莊子》中有一段說：大鵬鳥當然要飛得高，飛得遠；但是小麻雀，牠本來就在地上跳，這叫各適其性。但是不要忘記，莊子說的是比喻，他是說，每一個人生下來都像魚一樣，需要水，不能離開水；但是魚可以變成鳥，代表人的生命很神秘，很特別，它可以轉化。從魚變成鳥，變成鳥只需要空氣，空氣對鳥的限制絕對少於水對魚的限制；鳥可以飛了，飛到九萬里以後，完全不用動了，因為浮力已經夠了。所以，莊子是要用這個比喻，說明每一個人都有向上提升、轉化的可能，即從身到心到靈，一層層上升。這是第一個超越，就是相對的空間可以化解。

第二個是時間上。譬如，某些人活到八、九十歲高壽，但也有些孩子夭折了。莊子怎麼說，他說，高壽跟夭折根本不需要去分，你再高壽能比一隻烏龜活得久嗎？你再高壽能比得過一棵樹木嗎？所以莊子要我們突破時間的限制。我們也知道，在時間的過程裡面，如果你善用時間，一天就是一年；你如果珍惜時間，時間可分為客觀的時間與心理上的時間，往往我們最快樂的那一剎那，那一剎那就跟永恆一樣。不過，像平常有人說的「度日如年」，這種說法也有其根據。莊子所謂突破時間限制，為的就是提醒我們：不要在乎時間長短。他甚至嘲笑彭祖，說他活了八百歲，又怎麼樣，還不是結束了？所以我們要珍惜的是，怎麼樣在短時間裡面讓我們的智慧可以得到覺悟的機會。這是第二個，時間限制上的超越。

第三個就是，談到人在世界上義、利的分辨。「義」就是該做的事，「利」就是利益。他認為，兩者都要超越。我們平常說讀書人好像比較高尚，莊子認為不然。他說，一般人去追求利，每天累得要命；讀書人求名，每天也累得要命，都不好。甚至，他認為聖人也不好，也是每天為天下人煩惱。因此，凡是為身外之物煩惱的，都不好。莊子說，義、利二者都要超越。否則，你活在世界上，總是會感覺到有所不足；一旦感覺到有所不足，你就有問題了。因為人的生命來自大自然，最後回歸於大自然，沒有不足的問題；有不足是來自偏差的觀念、帶著偏差的欲望。

第四個就更重要了，即突破生死的限制。莊子基本的觀點是兩個字：人活著就好像「弱喪」。「弱」就是身體虛弱的弱，代表年輕的時候；「喪」就是離家出走。莊子居然把我們「現在活著」當作離家出走，那死了呢？叫做回家。這樣一想的話，死亡好像沒有那麼可怕了。

◎人們對莊子容易有的兩點誤解？

第一個說他是虛無主義。他說存在是暫時的、過渡的階段而已。這樣一說，我們難免會覺得：那活著幹什麼？不是假的嗎？事實上，莊子恰好是要化解虛無主義的危機。他在書裡面提到有些人自殺，自殺代表虛無主義的結果，認為活著跟死亡差不多，莊子就是要化解這樣的問題，可見他用心良苦。他本身學問好得不得了，對於一般人，他很希望能夠給點幫助，而方法只有一個，就是讓人設法體驗到「究竟真實」。我們普遍感知的是「相對真實」。今天我們在這裡，一百年前沒有我們，一百年後也沒有我們，那麼請問：我們真的在這裡存在過嗎？今天有錄影機，將來可以說好像有過，但是你不要忘記，虛擬實境，這些恐怕都是可以製做出來的，所有的這些恐怕都是假的東西，根本沒有這回事兒。莊子就是要提醒我們，幫助我們掌握到「道」。相對的，萬物有「道」做為基礎，所以不要擔心，人生有一條路可以走，就是設法體驗什麼是「道」。由此，我們才能從莊子那裡得到許多人生困惑的解答。

第二個誤解說他是逃避主義，好像是逃避現實，既不做官，也不好好賺錢養家，然後說的話都是一般人聽不懂，作為又跟別人反其道而行。事實上這些他都不是，他反而是非常正面地看待生命，並且比一般人看得透徹。通常我們只看到我們想要看的部分，莊子可以看到我們所不想看的，亦即事實的全部，也就是從整體來看。所以，在《莊子》裡面可以得到人生困惑的各種啟發。雖然不敢說，一定可以解決現代人的一切問題，但是至少可以說，對於很多問題，他提供了不同的思考焦點，有時轉個彎，說不定就可以想通了。

◎《史記》中的莊子是個怎樣的人？司馬遷在《史記》中對莊子的敘述是否允當？

在司馬遷筆下，莊子是宋國蒙人，那時是戰國時代中期，他見過梁惠王，所以跟孟子的時代是接近的。他做過漆園吏，漆園就是古時候的漆樹園子，漆是專門用來做黏劑的。漆園吏算是一個小公務員。後來莊子大概又覺得這樣不好，為五斗米折腰，還是自己去織草鞋維生算了。他一生都不太得意，從一般人的眼光來看，既不富也不貴，反而是屬於「貧賤」階層。

司馬遷是歷史學家，他對於哲學家不太理解。譬如，他寫到莊子的時候，是放在〈老子韓非列傳〉裡面，裡面插入莊子、申不害二人。說實在的，莊子滿委屈的。因為韓非的書裡面有〈解老〉、〈喻老〉，使司馬遷以為繼承老子思想的是韓非。另外，司馬遷也認為《莊子》是老子思想的發展，這一點說得沒錯；不過他只用一、兩百字就把莊子打發了。在司馬遷筆下只有一句話說莊子說得很對：「其學無所不窺。」就是莊子的學問淵博，沒有什麼書是他不看的。這也說明了為什麼莊子如此博學，幾乎是通曉各家各派。但是，在提到莊子的著述代表作時，只提到〈漁父〉、〈盜跖〉、〈胠篋〉這些屬於外篇、雜篇的，而沒有提到莊子的精華在內篇。比如我們講的〈逍遙遊〉，是很精彩的，它就出自內篇第一篇；司馬遷還說莊子專門批判孔子代表的儒家，以及墨家的一些思想。這些對於莊子的評判，跟我們所看到的莊子的著述有一點落差。其實不見得公平。單從司馬遷的《史記》來看，他對莊子的了解有限。為什麼我這樣說呢？因為《莊子》裡面最令人讚嘆的是，他了解了學問之後，將之提升到「道」的高度。他說：古代的人智慧最高了，能夠了解從來不曾有萬物存在過。即「未始有物」，從來不曾有萬物存在過。這一句話讓西方的哲學家驚為天人，西方許多重要的哲學家（如謝林）就認為，莊子這種說法非常了不起，因為他能夠發現到宇宙萬物根本不存在；我們今天的存在是暫時的、過渡的階段而已，我們如果從生前死後來看，每一個人也確實不存在。

莊子在少數幾個地方特別強調，比如要消解各種執著，尤其人間相對的規範。講到相對的規範，儒家當然是掛頭牌了，專門教人各種禮儀；墨家也教人要「兼愛、非攻」這些。莊子認為，他們提出很多理想很好，但是這種理想到了後代變成一種枷鎖，綁在我們的身上，讓人動彈不得，要求遵照某種形式與教條來做，反而失去了人的真誠的心意，莊子在這一方面批判得非常的嚴厲。

而司馬遷的父親司馬談，在儒家傳授《易經》的傳統裡面，是當時的代表人物。另一方面，司馬遷寫《史記》的時候，有很強烈的使命感，希望能夠把善惡的報應這些都設法寫出來。他寫到莊子時，會覺得，被莊子一攪和，什麼善惡報應都變得很模糊了，甚至變成沒有什麼必要了。

◎莊子、孟子互有針對對方學説的評判，這兩家學説似乎有著某種對立。表面上來看，儒家要求入世，要人積極、上進；可是道家呢，給人的感覺似乎是消極、退後。那麼從根本上來講，儒家和道家是矛盾的嗎？

《孟子》的第一篇是〈梁惠王篇〉，談到孟子見梁惠王；《莊子》裡面提到，莊子的朋友惠施做過梁惠王的宰相。這表示他們是同一個時代的人。他們住的地方也隔不遠。但是古代媒體不發達，就算發達，兩個人恐怕也沒有辦法互相溝通，因為儒家有一個原則，叫做「道不同不相為謀」，這是孔子的話，所以孟子對於像莊子這樣的人，肯定是沒有什麼興趣的。他要帶著學生們周遊列國，希望為國君所用，來造福百姓；而莊子是一個人嘯傲山林，然後自己過苦日子，毫不在乎，與孟子沒有見過面，見了面恐怕也沒有話說。

莊子或許也不想見到孟子。他說過一個故事，叫「儒者盜墓」，這個故事其實就是後來成語「詩禮發冢」的出處，是寫在《莊子‧外物》篇中的。「詩禮發冢」，「詩」是《詩經》，「禮」是《禮記》，「發冢」，就是挖掘墳墓。這個故事當然是莊子自己編的，非常挖苦。他說，大儒生在上面，「有事弟子服其勞」，小儒生就去底下挖了。大儒生問說，太陽快出來了，到底挖得怎麼樣了？小儒生在底下說，衣裳、裙子還沒有拉下來，口中還含著一顆珠子。大儒生說，青青的麥穗長在山坡上，活著不知道做好事，死了之後，嘴巴含珠子幹什麼？（原文：青青之麥，生於陵陂。生不布施，死何含珠為？）你要記得，拉他的頭髮，壓住他的下巴，慢慢地用鐵鎚把他嘴巴撬開，不要傷害到口中的珠子。你看，在這個時候還引用《詩經》來一唱一和，然後做的是那種勾當。莊子這個挖苦，可以說是到極點了。

而在《孟子》裡面有一段話，提到墨家代表人物墨翟以及另一個學派的楊朱。一般人會把楊朱的做法「拔一毛利天下而不為」（有點像「我一個人隱居起來過我的日子」），跟莊子相提並論，有的甚至說，他們兩個人是同一個人，我們現在無法證明。接著，孟子批評墨翟，說他「兼愛」，結果無異於不要父母親。譬如，我在車上看到父母親和同樣年紀的老人家，我要讓座給誰呢？墨家的說法好像是要我的父母親跟他們猜拳，誰猜贏了，讓誰坐，因為我要一視同仁。孟子說，這樣的人簡直是不要父母親了；至於楊朱，叫他犧牲一根汗毛幫助別人他都不願意，他肯定是逃稅了，不會去納稅的，這樣的人等於是不要國家。接著孟子說什麼？「楊氏為我，是無君也；墨氏兼愛，是無父也。無父無君，是禽獸也。」你看，孟子罵得更凶了。

我們其實可以這樣說，儒家與道家面對的都是亂世，在亂世裡面有兩個問題：第一個問題，老百姓不知道什麼是善惡是非，因為做好事沒有好報，做壞事又沒有惡報，如此就在價值觀方面陷入虛無的困境。儒家專門針對這個問題。所以我們講儒家孔孟的時候，千萬不要以為他們是自尋煩惱，故意找一些規範來約束別人，不是的。他們強調的是，如果這個社會沒有善惡的標準，那麼所有行善避惡的希望，只有一個來源，叫做「由內而發」，每一個人都真誠，就會自我要求去行善避惡。這是儒家很好的理想，他們希望在一個價值混亂的時代，為人類重新找到價值規範的來源：真誠由內而發，肯定人性向善。

道家則認為，你再怎麼教也沒有用，因為你一旦把善惡的規範列出來之後，叫做禮樂，馬上變成約束，變成形式，變成教條了，很多人就開始假仁假義。所以道家要化解的是第二個問題：存在上的虛無主義。所謂「存在上的虛無主義」指的是，人生終究要結束，人們活著跟死了沒有什麼差別。在亂世中，活著只是受苦，很多人自殺是因為覺得自己活著受苦，又何必呢？死了才是解脫。在春秋戰國那個時代，確實有這樣的問題。老莊的思想是要解決最深刻的問題，讓人活著時，不要老想到死亡，因為人終究會死，不要著急。他讓你活著的時候去體會什麼是「道」，要從道的角度來欣賞自己的生命。所以道家強調從真實到美感，儒家強調善，真善美就分成兩個領域了。儒家強調向善、擇善、至善；道家強調從真實到美感。《莊子．知北遊》強調說：「天地有大美而不言」。所以我們從這個角度來看的時候，就可以把前面所說的儒與道對立，所謂嚴重的衝突，稍微化解一下。

從小我們就知道，要奮發上進，講教育叫啟發式教學，並且肯定一個人應該不斷地在社會上發展，要把個人的成就同社會的發展結合起來，這當然是儒家的思維。但另一方面我們也說：「忍一時風平浪靜，退一步海闊天空」、「知足常樂」，道家很多話也變成我們的日常語言，並以之為警示。我們的血液裡面，等於我們中國人的基因裡面，都有儒道兩方面的學說成分。

我這幾年研究下來，喜歡按照生命階段來談學習歷程。一個人在三十歲以前，最好學儒家，為什麼？因為從學校讀書開始都是儒家那一套，進入社會之後，要努力追求發展，成家立業。要積極進取，奮發上進，這當然是儒家。但是到了四十歲以後，就要學道家。為什麼？因為在社會上工作一段時間之後，可能會發現善沒有善報，惡沒有惡報，努力的人不一定成功，做壞事的人也不見得有什麼樣的報應；這個時候你就要記得，不能灰心，要學習道家來化解煩惱。學了道家之後就知道，人的生命是一個整體，你不要因為一時的得失成敗，而有太多情緒反應。那麼到五十歲以後呢，就要學一點《易經》了。這樣一來，就把儒家、道家、《易經》分階段來不斷地學習。

儒家與道家，如果用最簡單的方式來說，儒家是以人為中心，要給人找到出路；道家則是不以人為中心，他不會只關心人，他說你不要以自己、以人為中心，你要以萬物為中心，進而以「道」為中心。譬如，我們常常問，這棵樹有什麼用？它結蘋果，所以它有用。道家卻認為，這棵樹何必為了人而結蘋果呢？它該結什麼就結什麼，它不結果也是一棵樹啊。由此可見，儒家思考任何問題都想到人的需要，是標準的人文主義；道家則認為，不要太過於以人為中心，如果以人為中心，宇宙萬物本身的價值都會被忽略，所以莊子才說天地萬物都很美。但是你一聯繫到人類需不需要，這個美就被限制為人類的一個需要了，所以道家在這個地方可以與儒家互補。

延伸閱讀

1. 《莊子．逍遙遊》

北冥有魚，其名為鯤。鯤之大，不知其幾千里也。化而為鳥，其名為鵬。鵬之背，不知其幾千里也。怒而飛，其翼若垂天之雲。是鳥也，海運則將徙於南冥。南冥者，天池也。《齊諧》者，志怪者也。《諧》之言曰：

「鵬之徙於南冥也，水擊三千里，
摶扶搖而上者九萬里，去以六月息者也。」

2.《莊子·秋水》

秋水時至，百川灌河，涇流之大，兩涘渚崖之間，不辯牛馬。
於是焉河伯欣然自喜，以天下之美為盡在己。
順流而東行，至於北海，東面而視，不見水端。
於是焉河伯始旋其面目，望洋向若而歎曰：
「野語有之曰，『聞道百，以為莫己若者』，我之謂也。
且夫我嘗聞少仲尼之聞，而輕伯夷之義者，

始吾弗信。今我睹子之難窮也，吾非至於子之門則殆矣，吾長見笑於大方之家。」

第二講

貧困與快樂

- 現代人追求財富，極力遠離窮困，莊子會如何看待這樣的價值觀？
- 莊子自己住在窮街陋巷，窮困得織鞋維生，餓得面黃肌瘦。在這樣的狀態下，他為何能達觀？
- 假如我們不富有，要如何才能做到安貧樂道？在我們有限的生命中，哪些東西是我們應該著重去考慮的？
- 真正的快樂到底是什麼呢？

相傳有一個富商生意做得很大，每天操心算計，多有煩惱，而緊挨著他家高牆外面住著一戶窮苦人家，夫妻倆做豆腐維生，雖說清貧辛苦，卻是有說有笑、快快樂樂。這讓富商的太太覺得非常的嫉妒，富商知道後就說，那有什麼難的，我叫他們明天就笑不出來。說完，一抬手就把一大錠金元寶從牆頭扔了過去。第二天，這窮苦夫妻發現了這錠金元寶以後，心情大變，一邊揣測著錢的來路，又琢磨著能否再弄到更多的金元寶，就這樣他們開始茶飯不思，寢食不安。自此，再也聽不到他們的歡聲笑語了。富有和貧窮，到底哪一個更讓人快樂呢？

◎莊子認為貧窮好還是富貴好？

讓莊子來回答的話，他不會說哪一個好，他要視情況而定。因為莊子看人生有兩個特色，第一是從長遠來看，第二是從整體來看。長遠是說，你今天有錢，但是過去呢？將來呢？我們說「富不過三代」，所以從長遠來看的話，有錢可能是暫時的；窮困也是一樣，可能是暫時的。第二，從整體來看，一個人在整個一生裡面，可能有某個階段，像目前經濟繁榮，他突然有錢了，但他在小時候恐怕很窮。那麼，他小時候覺得快樂是因為跟父母、家人的親情非常的溫暖，他現在恐怕慢慢覺得，錢是有了，但是好像快樂減少了。所以在這個時候，如果讓莊子來考慮，他會從整體、從長遠來看，窮人、富人各有各的快樂，只不過你要問自己：你如何看待自己的人生？因為一個人越容易受外界影響（像從外而來的各種價值觀），他越不容易快樂；相反，他如果了解「我要如何把握自己的生命」，就會知道，不論有錢或者貧窮，至少都活著，而活著是基本條件，有了這個基本條件之後，我再往上去問：我這一生在什麼情況下，可以掌握到自己生命的特質，然後求其發展與完成？

◎當前社會的價值觀，人們總認為，財富有什麼不好？富了以後，我想幹什麼就幹什麼，那我不就快樂了嗎？而窮呢，成天為自己的生計而煩惱，能快樂得起來嗎？這是否和莊子價值觀念的取捨不太一樣？

我們從兩點來看。第一點是，人在有錢之後選項很多，譬如，我現在有錢了，可以環遊世界，甚至可以去外太空，但是選項多了以後，煩惱也跟著來到。對於窮人來說，只有一個煩惱——設法養活一家人，這就很單純，在單純的觀念裡面，生命容易變得比較知足。因為我單純，只有一個念頭，看到一家人溫飽我就很開心了；我有錢的話，就變得欲望無窮，像滾雪球一樣，越滾越大。而另一方面，關於價值觀的問題，莊子有一種與世俗大不相同的看法。

他是戰國時代中期的人，社會上各種有利的成就在他看來都隱藏著危險。

譬如，你屬於受人羨慕的這一類，像長得俊美，鬍鬚又長又漂亮。然後身高、體壯、勇敢等等，他列出來的所謂好處有八種，是每個人都羨慕的。莊子認為這些反而到了最後讓你窮困不通啊。這就是莊子所提出的「窮有八極」，包括貌美、鬚長、身高、魁梧、強壯、華麗、勇猛和果敢。不妨試著想想看，這樣傑出的人能有自己的生活嗎？從年輕的時候嶄露頭角就開始被人所用，選你當班長，因為你長得最體面；然後讓你做所有的事情，到最後恐怕只有三個字：過勞死。如果你具有各方面的優點，社會也真的需要你出來做許多事情，這本來不是壞事。但是，你很容易就以這些條件作為自己的特色，一路發展下去，最後不可收拾。

相反的，莊子另外講了「三必」——三種必定通達的路，也許你看到之後會說：誰要這些？第一，到處依賴別人；第二，窮困不通，走投無路；第三，受到各種委屈與恥辱。莊子處在亂世裡，這三個弱點反而變成最好的隱藏、保護色，就是：我在社會上不被別人注意，反而可以生存下來。我們聽說，一個人常常生病的話，反而可以活得很久。因為他病久了之後，知道自己的弱點，也知道如何保護自己、收斂自己。

在《莊子》裡面，談到價值觀的時候，他不會只看當下，而是像前面說的，會注意到長遠與整體。你處於弱勢的話，現在這個社會對弱勢特別照顧，你反而得到許多方便。當然我們現在講莊子的思想，有時候聽起來好像是他專門唱反調，跟一般人想的不太一樣，但是不要忘記，人生本來就有兩面，通常我們只看一面，只看一面的話就是一邊倒，變成只有這一套價值觀了，到最後形成大家都要同樣的東西，大家都要的話就有危險，競爭、鬥爭、戰爭統統出來了。如果我知道自己的優點，但是我守在我的弱點裡面，像老子的「知其雄，守其雌」、由此可以「柔弱勝剛強」，反而就好了。

接著提到「六府」，六種刑罰，也都是由一般人羨慕的優點所引致，如智勇兼全，聰明傑出，行仁尚義，結果反而會帶來各種困擾。所以有些人做好事怕大家知道，為什麼？如果大家知道你捐款，那麼所有的弱勢團體都來了，到最後你也吃不消。為什麼莊子講這些話？聽起來好像有一點打擊士氣，讓年輕人在追求事業上的成就時，這樣一聽之後好像被澆了盆冷水。事實上，莊子是在提醒你，不要太樂觀，也不要太悲觀，而要保持達觀。

◎莊子自己住在窮街陋巷，窮困得織鞋維生，餓得面黃肌瘦。在這樣的狀態下，他怎麼能達觀？面對這種生活狀況，他心裡面坦然嗎？他有沒有想過，要透過一些途徑去改善自己的生活，想辦法發財致富？

莊子做過小公務員，管理一座漆園，漆在古時候是作為黏劑用的。後來他不願意為五斗米折腰。因為當小公務員很辛苦，賺的錢也不見得夠用，他就回家織鞋維生。可見，他要考慮的是，如果要避免窮困，那麼要付出什麼代價。然後他認為，沒有關係，我安貧樂道，也可以設法養家糊口。這一切都是：時也，命也，運也。一個人碰到這樣的時代，就算再有本事，也只好接受命運的安排；但重要的是，你能不能快樂呢？在莊子看來，他後面提到孔子的說法，叫做「窮亦樂，通亦樂」，換句話說，莊子以孔子為例來解釋，他是要強調：快樂不在於窮或通，而在於能夠樂道。由「能夠樂道」這句話可知，儒家講「貧而樂道」，道家也講「貧而樂道」，只是兩者是不一樣的道。

不過，莊子有時候實在也撐不住了，他有妻有子，大人可以節衣縮食，但小孩子需要營養啊。他有一次就向一個朋友借米，這朋友是一個官，負責管理一條河流的，定期可以收稅，莊子以前大概跟他是同學吧。他跑去借米，這個人看到莊子就對他說：好，我下個月收稅之後，借你三百金（金是古代的一個單位）。莊子立刻變了臉色，然後對他說，昨天我來找你的時候，在路上聽到有人叫我，我回頭一看，在路上被車輪壓凹的地方躺著一尾鯽魚。我就問牠說，鯽魚啊，你叫我嗎？鯽魚說，是啊，我是東海來的，現在快渴死了，給我一點水喝吧。我就對鯽魚說，我去找吳國與越國的國君，請他們開一條河流，把西江的水引過來救你。鯽魚就變了臉色，然後說，你還不如早些去魚乾店找我算了。這個故事說明什麼？莊子窮得向別人借米，別人稍微推托之後，他就變了臉色，他當下的反應是什麼呢？是講一個寓言，寓言裡面的魚需要水，他稍微推托一下，魚也變了臉色。當然我們不知道魚怎麼會變臉色，但是至少這說明，莊子很能夠自我調侃，他也知道，時勢比人強，自己就是那麼窮困，再有本事也沒有用，只好去借米。以上見《莊子·外物》。

他有沒有想過，透過一些途徑去改善自己的生活，想辦法發財致富呢？基本上他有機會做官，但他也衡量過，做官要付出很大的代價，所以他屢次拒絕。他有一個朋友叫惠施，當時是梁國的宰相，惠施曾經擔心他搶自己的官位。所以你看這個社會，朋友之間有時候還是會有戒心。在整本《莊子》裡面，只有一個朋友是有名字的，就是惠施，偏偏這個惠施又怕他來搶位置。

在《莊子·山木》裡記載，莊子有一次見到魏王，魏王說，先生怎麼那麼萎靡不振的樣子啊？莊子說，很抱歉，我是貧窮而不是萎靡，萎靡是讀書人有理想不能實現。這句話跟儒家的想法完全一樣：讀書人有理想不能實現。他說，我只是貧窮而已，那我為什麼顯得很萎靡呢？他說，大王見過猴子嗎？猴子在高大的樹上翻來跳去，連神射手都射不中牠，神氣得很。但是一旦落在荊棘叢中，一活動就被刺扎到了。他說，大王，今天是昏上亂相，所以我沒有辦法，這不能怪我。他箭頭一指，就指向大王自己沒有做好，讓我這樣的人才不敢出來做官、做事，一旦出來做官、做事，一旦得到富貴，我知道後面會遇到的危險。這是莊子當時的情況。

莊子在這段話中，坦白承認自己的生活是比較困頓，但他的思想屬於道家，他們有一招是最高明的，就是把道當作整體。從整體來看的話，一個人的生命就沒有什麼得失成敗的問題。譬如在〈齊物論〉中說，天地與我同時存在，萬物與我合為一個整體；有這種想法的人，他的生命可以擺脫每天當下的需求。只要具有最低的生活條件，只要讓我勉強活得下去，那麼其他萬物都是我的。很多人為了追求最低生活條件之上的東西，像富貴與各種享受，變得忙碌不堪，最後是本末倒置。我們現在再問一次開頭說的問題：貧窮與富有哪一個比較快樂？重要的是對於那個快樂，你用了多少心思去掌握及了解它。很多人以為有錢就會快樂，於是一輩子都在追求金錢，反而忘記了什麼是快樂；有些人接受了貧窮的命運之後，把所有的時間都拿來追求快樂，這個快樂就不得了，他可以開發心靈的能量，譬如，欣賞大自然，品味藝術，跟朋友來往，一家人相處，他有許多方法珍惜每一種情感的深度。對莊子來說，只要悟道，可以同「道」結合，其他一切都不構成問題。

◎現在的人每天都在拼命地工作，其實都是夢想著會有好的收穫，這裡面有很多是物質取向的，想讓自己的生活有所改善；所以大部分人可能不太會像莊子那樣安貧樂道、滿足於現狀。這種追求富裕生活的想法和願望，是不是在莊子看來就不對呢？

莊子不會認為你不對，他會認為，這樣是錯過了重點。如果把人生拉到最後一點來看的話，你會發現：自己這一生錯過了很多重要的東西。譬如說，一些好朋友聚會的時候，你正好沒空，做生意去了；今天家人聚會，你正好沒空，賺錢去了。你這樣來來往往，最後才會發現自己得到了什麼，又失去了什麼。莊子只是提醒我們，從道家看來，你可以很清楚地知道自己要追求的是什麼。這一點我們很難做到。通常我們會說，賺錢也是為了家人快樂，讓大家沒有後顧之憂啊。但是你要問一個問題：多少才算夠？這句話很重要，全世界經濟發達的國家也都在問：多少才算夠？

追求財富的人認為，只要有錢，就可以擁有一切，可以買到一切。但他忽略了一點，錢不能買到時間。一個人再怎麼有錢，面對生命快結束的時候，他如果說，我寧可付出所有的家產來再活三天，但他不見得可以活那三天。我們不妨倒過來問，你現在還有很多日子可以活，請問，如果讓你再多活那三天，你要做什麼事？那個時候你絕不會說，我還要賺錢。那個時候你會說，我要好好跟家人相處，跟朋友聚會，好好做一些有意義的事情。那現在為什麼不做呢？因為我的錢還沒有賺夠。所以在這個時候，你還是要問：多少才算夠呢？了解這一點的話，你就知道，主動權操之於自己。道家的人生最值得羡慕的是，主動權操之於自己，我對自己可以掌控的話，整個世界繞著我轉；我不能掌握我自己的話，就只好跟著世界跑，永遠也追不上。

就像西方哲學家蘇格拉底說的，他說，你對一個有錢人要不要尊敬呢？這要看兩點。第一，他以什麼手段賺到錢？手段必須合法，必須以合理的方式來做，這樣賺到錢代表他聰明，也有本事。第二，還要看他賺了錢之後，對錢的態度如何？有些人賺了錢之後，變成了守財奴，小氣而鄙陋。這樣一來，莊子就會批評了，說，明明很有錢了，還好像窮人一樣，到處想辦法找錢，實在是很可憐。如果說，他能夠做金錢的主人，賺了錢之後，取之於社會，用之於社會，多做點好事，那麼蘇格拉底也會稱讚他。

在《莊子．盜跖》裡面，還提到有錢人有六種缺點。第一種是迷亂，有錢之後就會享受，享受之後就會迷亂。老子說過，五色令人目盲，五音令人耳聾。你每天看了太多彩色的東西，聽了好聽的音樂，聽久了之後，你就迷亂了，不知道最後活在世界上到底要做什麼，因為物質欲望會使人迷失。第二種是，這樣的人非常勞苦。你看有些窮人，他每天工作八小時，下班回家，可以拿固定的待遇，雖然不多。而有些富人天天在想，下星期股票怎麼樣做，他比窮人更辛苦，沒有休息時間。然後，莊子還認為有錢人其實應該覺得羞恥，為什麼羞恥呢？你明明有錢了，還常常覺得不夠，他喜歡跟最有錢的比，還要跟別人比別的東西。像比爾·蓋茲，報紙上登過他的一張照片，他抱著他三歲的女兒，旁邊寫著一句話：「我抱著我的女兒，我覺得我最快樂。」很多人說，我抱著自己女兒的時候，怎麼不覺得快樂呢？因為沒有那麼多錢啊。所以這時我們要記得，快樂有兩個條件，第一是必要條件，也就是金錢，但是所謂的必要並沒有一個標準，我們只須記得「非有它不可，有它還不夠」這十個字，就是必要。第二是充分條件，譬如有家人親近。這個時候就會覺得，我對於其他一切快樂，都可以不在乎了。所以，有錢人永遠不足，有所欠缺，就顯得可恥了。還有第四種，有錢人跟生病一樣。這話倒是被莊子說中了，今天叫做富貴病。然後呢，第五種，有錢人特別多憂慮，每天在煩惱這些錢會不會被偷、被騙、被搶。最後一種，有錢人充滿恐懼，出門怕被綁架，孩子出門也都不放心。所以莊子一口氣列舉了有錢人的六個缺點，我最初讀的時候嚇了一跳，心裡想：還好我不是有錢人啊。

有錢人身上常見的一個狀況是，他的整個心思都集中在有形的財富上，而忘記了人的生命還有其他方面的潛能。人生除了這些有形可見的欲望之外，還有別的部分可以開發。譬如，任何一本書中都會有一些觀念，值得我們去學習與欣賞。今天很多人談國學，只要讀一讀國學，你會體認生命真是可長可久，覺得生命可以很有內涵，這是對自己心靈的一種照顧。我們常常強調，現代人要對自己好一點。對自己好一點，並不是說，有了財富之後，吃喝玩樂，去享受物質，那種好是有它的極限的；對自己好一點，是說了解自己的生命是有身有心，還有靈的層面。在《莊子》裡面提到一個詞，叫「精神」，但是，你必須先做到八個字——身如槁木，心如死灰。這還得了，身如槁木，心如死灰，不是跟死人差不多了？他的意思是說，身像槁木一樣，不要有各種物質的欲望，尤其是有形可見的這些享受。心如死灰就是不要有太多的心思，不要一天到晚想這個、想那個。這兩方面能夠自我約束的話，對身與心加以修煉、調整、約束，最後就會出現兩個字，叫做精神。意思是說一個人有沒有精神，就看他的生命有沒有往上提升到屬於靈的層面。其實我們可以這樣了解，把財富當成生物所需要的飼料，或者各種所謂食欲的滿足。如果我是一頭牛，給我最好的草料，我就覺得很幸福，但是人不只是牛。人除了有生物這一面，我們不會否認有生物這一面，莊子有時也要去借錢啊，但是我們更要肯定的是，人還有往上提升的層面。所以，我們學習道家之後，對於人生的價值觀要有所調整。

◎假如我們現在不富有，那麼我們如何才能做到安貧樂道？在我們有限的生命當中，如果不全力以赴去追求財富，那麼還有哪些東西，是我們應該著重去考慮的？

有一個簡單的方法，就是參考西方現代人的一些觀點，同古代莊子的智慧其實是相通的。譬如，西方有一句話，說快樂有兩種，第一種是取得你所要的，第二種是享受你所有的。大多數人不知道第二點，只知道第一點──「取得你所要的」，所以一輩子都在追求各種的目標，而忘記了「享受你所有的」。事實上，一個人只要能夠好好珍惜自己所有的一切，這裡面自然也有快樂。只要能夠掌握到第二點──「享受你所有的」，當下就會感到生命的幸福。

我們先引述一段典故，說明為什麼我們要分輕重，分本末。莊子在〈讓王〉篇提到一個「隨侯之珠」的故事。隨侯是個諸侯，珠是寶珠。他說，你用隨侯的寶珠，去打一隻麻雀，打中的話，一隻麻雀算什麼，而所用的寶珠很貴重。那麼我們這一生，用我們的時間、我們的生命去追求外在的財富，即使你得到了外在的財富讓別人羨慕，但是損失的卻是你的寶貴生命。

道家認為，如果能夠讓你的生命安其天年，能夠全身保真，那是最理想的。你這一生，假設可以追求十樣東西，你要怎麼安排順序呢？我們不能否認財富是必要的，我一直強調必要，必要就是說非有它不可，不然怎麼過日子呢？但是有它還不夠，人生的關鍵就在於，我怎麼樣去掌握不夠的部分。從道家看來，從莊子看來，你問他說，怎麼樣才算夠呢？他會告訴你，最高明的答案是能夠覺悟到「道」。「道」就是整體，就是人活在世界上，本來並沒有什麼不足與欠缺，因為一切在「道」裡面。所以莊子很喜歡說，最好像魚一樣，在江湖裡面忘了自己是誰。人能夠有這一生，都是由於緣分成熟；只要緣分成熟了，你就好好過這一生。你本來已經具備一切所需要的東西，如內在的智慧覺悟的能力，這是每一個人都平等具有的。現在，如果設定的價值觀是要追求財富，你恐怕會為了這個價值而犧牲其他更有價值的東西。莊子就是提醒我們這一點。那些更有價值的東西，我剛才只是指出最高的一個，就是覺悟「道」。

雖然這是很難的挑戰，但如果有正確的教育和正確的觀念，還是可以做到的。譬如，我們所謂的貧窮和財富本身都跟快樂沒有直接的關係，重要的是，有沒有那個「道」可以讓你感覺到安頓。我們可以把「道」說得簡單一點，就是人生所走的路。人每天都在生活，生活就是選擇，選擇就構成一個方向。你到底在往哪一個方向走？這就是所謂的儒家有儒家的道，道家有道家的道。你只要察覺自己是在走一條路，你就要問自己：我是不是越來越接近我的目的、我的終點？所以談到人的生命的時候，要記得不能從平面來看，而要從立體來看。從平面來看的話，人跟動物沒有什麼差別，就像「食色性也」一語所說的；從立體來看的話，就會要求自己逐步擺脫身體的物質欲望。因為人在不同的年紀，身體狀況不一樣，想法也會改變，有些人到年老的時候發現身體不行了，不敢多吃，不敢多玩，要不然鬧人命了。這時候如何提升自己的品味呢？有些人很直接，進入拍賣市場買藝術品去了。但是即使你買了藝術品，還是受外面的價值觀念所影響。你終究還是要問你自己：我如何為自己找到一種正確的觀念？所以在國學裡面的道家思想，對很多中年以後的人，特別具有啟發性。

最後我想指出，道家絕不是主張，你學了道家就一定要窮，窮才能快樂。他不會這樣講。他會說，不管你有錢、沒錢，都不要太在意這件事情。所以我們也經常強調，道家的思想叫做無心，不要有心，你一有刻意的想法，就會執著了。你活在世界上，如果是無心而為，譬如說，去買彩券，中了就中了，沒有中就算了，也不要太在意，因為你去買的本身就有想發財的企圖；如果我正好碰巧發了財，也不要把這個當作我生命裡面真正重要的東西。凡事隨遇而安，「遇」即遭遇，包括富貴，也包括窮困，你不管富貴、窮困，都可以感覺到生命的安頓和快樂。所以我們一再強調說，面對窮困和財富的時候，要常常記得，不要完全受外面的觀念所影響，一定要反過來問自己：我怎麼樣才能找到自己的快樂、幸福？因為快樂與財富、貧窮沒有必然的關係。

◎真正的快樂到底是什麼呢？

真正的快樂就是你心中有一個目標，你認為這個目標很值得，然後專心去追求。這樣一來，不管你追求的是什麼，比如希望成為一個作家，或者希望將來有錢之類，這時候就會有快樂。所以一個人在窮困的時候，因為有一個目標，比如說「我希望能發財」，他這一路走來，會覺得充實。重要的是，你一旦達到這種財富的目標之後，就可能找不到新的目標了。問題就在這裡。所以我們常常提到，要快樂最簡單的方法，就是設定一個明確的目標。我這樣講，是因為我在大學教書三十多年，我經常問我的學生：你們考上了台大，在台灣算是最好的學校了，覺得快樂的請舉手。沒有一個人舉手。一方面學生認為，教哲學的老師所問的問題一定有詐；另一方面，學生心裡想，上大學確實不太快樂，為什麼？高手如雲啊。我後來就問：那麼你們想想看，你們這一生什麼時候最快樂？結果很多學生都說，高三那一年最快樂。我說有沒有搞錯，高三那麼緊張，怎麼會快樂？結果學生回答，因為目標明確，知道自己每天活著是為了什麼，就是為了上大學。上了大學之後，反而找不到明確的目標。這是年輕的學生都有的經驗，我相信每一個人都可以從中體會到一些什麼。我們不喜歡好高騖遠、唱高調，我們只要做到，心裡面打定一個主意，追求一個目標。但是在追求過程中，你要記得，不斷充實自己，讓自己有了目標之後，還有新的目標可以帶領我們的生命，從身到心，再往上面發展，這樣的話，快樂比較有保障。

有一句話也許能夠借鑑，叫做「知足常樂」。「足」是代表物質條件的足，我認為夠了，就夠了。但是人生在物質條件之外，其他方面不一定要知足，我們可以繼續努力發展自我在其他方面的潛能。

延伸閱讀

1.《莊子・列禦寇》

窮有八極，達有三必，形有六府。美、髯、長、大、壯、麗、勇、敢，八者俱過人也，因以是窮。緣循、偃佒、困畏，三者不若人，俱通達。知、慧外通，勇、動多怨，仁、義多責，六者所以相形也。達生之情者傀，達於知者肖；

達大命者隨，達小命者遭。

2.《莊子・讓王》

道之真以治身，其緒餘以為國家，其土苴以治天下。
由此觀之，帝王之功，聖人之餘事也，非所以完身養生也。
今世俗之君子，多危身棄生以殉物，豈不悲哉！
凡聖人之動作也，必察其所以之與其所以為。
今且有人於此，以隨侯之珠彈千仞之雀，世必笑之。
是何也？則其所用者重而所要者輕也。
夫生者，豈特隨侯之重哉！

第三講

面對生老病死

- 莊子如何看待死亡？
- 大多數人難免有面對生老病死的恐懼，莊子會有什麼建議？
- 莊子談養生嗎？
- 莊子的生死觀是怎樣的？

有一位男子三十多歲，身材魁梧，力大如牛，偶然覺得有點不舒服，就到醫院去檢查，醫生讓他住院觀察。觀察期間，他每餐吃三大碗米飯，談笑自若，同病房的人都誇他身體好。幾天以後，檢查結果出來了，是癌症，一聽到自己患的是癌症，這位男子一下子就癱倒在地上，不久以後病情就迅速惡化。在我們的生活當中，這樣的事情比比皆是，很多人都怕得癌症或者其他一些絕症，說到底，怕絕症就是怕死亡。那麼，面對生老病死，莊子會給我們什麼樣的建議呢？

◎莊子是如何看待死亡的呢？

這是一個大問題，因為作為一個哲學家，像莊子這樣的人，他必須對死亡採取某種態度。人難免碰到生老病死的問題，莊子的態度如何？《莊子・至樂》裡面有一段提到他的太太過世了，他唯一有名有姓的朋友惠施去弔喪，到了莊子家裡，嚇了一跳，竟然看到莊子在鼓盆而歌。惠施就很生氣，他說，你與妻子一起生活，她把孩子撫養長大，現在年老身死，你不哭也就罷了，竟然還要敲著盆子唱歌，不是太過分了嗎？

其實有些冤枉，莊子對於感情的問題看得很淡，他希望不要讓感情影響到內在的自我。面對惠施的責問，莊子回答說，不瞞你說，開始的時候，我也難過，夫妻一輩子生活在一起，現在她死了我怎麼不難過呢？但是，後來想通了，就不一樣了。想通了什麼呢？他說，很久以前，我太太還沒有出生，她是荒煙蔓草裡面的一股氣而已，我的岳父母把她生下來，她長大成人，嫁給我，跟我生活一輩子，現在死了，又回到荒煙蔓草那一股氣裡面去了；所以，她從氣中來，又回到氣中去，以天地為家，正逍遙自在，我如果哭，不是大煞風景嗎？所以就替她快樂、歡樂一下，鼓盆而歌了。

莊子認為死亡實際上是一種回家的概念，回歸到原始狀態，不應該悲，反應該喜。當然，如果喜過頭了，讓別人很詫異，這也不好。莊子希望我們真正對死亡有所了解之後，能夠化解情緒上所有的問題。他為什麼要鼓盆而歌呢？他是替太太唱歌，就是說，恭喜她回家了，解除了人間的煩惱。我們有時候會覺得，一個人如果很窮，窮了一輩子，死了也算是解脫了。莊子認為，氣的聚合就是生，氣的分散就是死。據專家統計，這個地球上曾經活過的人，接近一千億，現在活著的人有七十億。請問那些過去的人到哪裡去了？就在我們呼吸的空氣裡面，腳下踩的灰塵裡面，都有前人身體的一部分。所以這個氣不斷地組合又不斷地拆解，宇宙自古以來不就是如此嗎？從這個角度來看人的生死，很容易看得透徹。

◎**大多數人在面對死亡的時候難免還是非常恐懼的。所謂生老病死，「生」當然讓人感覺到欣喜，不用多說。但是講「病」和「死」之前，「老」也是一個問題。「老」不一定直接面對死亡，但是它面對的是一種衰退，於是很多人就去美容，以求駐顏，留住青春，用現在時髦的話來說：緊緊地抓住青春的尾巴不放。莊子對這樣的人，有什麼建議？莊子的思想中，有沒有關於養生的秘訣？還是說刻意的養生反而不好？**

說實在的，莊子那個年代恐怕很少有人會像現代人這麼急切想把握住青春，他們大概也沒有這麼好的生物科技，可以讓人挽回青春。我在德國待過幾個月，學了一句話：真正的老年是你現在的年紀加十五歲。不管你今年多少歲，你都要想，所謂的老是比你現在多十五歲。我今年如果九十，所謂的老是一百零五歲，才是老。這樣想的話，就沒有什麼老的威脅了。

至於養生，這一方面他談了好幾段，這也是為什麼後來很多人說學莊子之後，最高的境界是要羽化而登仙。莊子養生最基本的原則是恢復成嬰兒狀態，從老子到莊子都一樣，要學習嬰兒。因為基本上嬰兒整個生命很柔軟，看起來很柔弱，但柔弱正好勝過剛強。大風吹過來，那種太剛直的樹木容易被吹倒，但柳樹從來沒有聽說被吹倒的，柳枝隨風飄，很柔弱，在大風掃過之後，反而可以存活下去。嬰兒除了身體柔軟之外，還有什麼狀態呢？他心思單純，從來沒有想到各種對立的、緊張的關係。你假如沒有複雜的心思，你跟外界的生物都可以相處得很愉快。譬如，你看到很多鴿子滿地飛走，你並不想抓牠，牠也毫不在乎你，甚至在你身邊跳來跳去。如果你起了念頭想抓牠的時候，牠立刻逃走，為什麼呢？因為人一起心動念，就有一股殺氣。就像武俠小說裡寫的，人還沒有出場，殺氣就透出來了。可見，人跟其他萬物的生命也是一樣。我有時候讀《世說新語》，覺得裡面描寫最美的是：鳥獸蟲魚都來親近我。因為我沒有害人之心，也沒有害物之心。在《莊子》裡提到養生時，就希望你恢復到嬰兒那種狀態：心思單純，沒有任何欲望，跟外界的事物沒有衝突，沒有矛盾。這樣的一個人，他的生命自然就合乎養生的道理。

但現在很多人為了養生，採用各種秘方或者各種手段；但是秘方和手段不是平常可以取得，也不是你每天都會去做的。結果你在這一段時間裡，也許得到了某種改善，一旦過了這個時間、這個階段，不太容易取得這些資源，也不見得去運動了，到時候恐怕衰老得更快。所以對於衰老的問題，我們常覺得最好是順其自然。當然這句話說起來容易，做起來困難。

◎現在社會上的很多流行，譬如美容、駐顏，甚至吃一些營養品來保持自己的健康、美麗的容顏等等這些，是否都不符合莊子所謂的道？

說實在的，我們很難這樣判斷。一般人說，我把自己調理得整齊漂亮一點，別人看了也會開心，這是合乎社會上的禮儀，這應該沒有什麼問題。一個社會一定有外在的各種要求，但是如果你念茲在茲、刻意追求，就不好了。有時候，年輕的學生說，我要去整型，要跟韓國什麼明星一樣的。我說，這可不好，這代表不孝順，你整型後父母都不認識你了。

舉例來說，在《莊子．人間世》裡面有很多有趣的人物，其中有一個最特別的，叫做支離疏，聽名字就知道這個人長得支離破碎了。這個人駝背嚴重到什麼程度呢？頭在大腿中間，髮髻指著天，這樣一個人，大家看著都覺得好慘，有這麼嚴重的殘疾，但是你不要笑他，他還同情你呢。譬如，現在開始徵兵了，健康的男子都要去當兵，緊張得要命，他在那兒雙手環在胸前，跑來跑去，也沒有人叫他去當兵；等到要發救濟金的時候，他第一個領到。結果他完全忘記自己長什麼樣子。莊子的目的不在於殘疾怎麼樣，而在於說，不要在意你長什麼樣子，重要的是，你能不能夠對於身、心加以修煉，修煉到一定的時間，完全忘記自己的外在形貌，年紀多大，是不是老了，是不是生病了，完全忘記了。完全忘記之後，你對當下的每一個剎那，所接觸到的人事物都可以去欣賞、品味，這樣生命的密度就會比較高。

人之衰老是一個自然規律，莊子認為不應該強留青春，但是很多人依然想透過各種各樣的手段留住自己的青春，莊子也不會苛求他們。《莊子．讓王》有一段資料，說有一個公子，他又想榮華富貴，又想去隱居山林，該怎麼辦呢？莊子的建議很簡單，如果覺得勉強，就不要做，就這麼簡單。譬如，你對於自己的老不能接受，就設法去美容一下，保養一下。如果哪一天想開了，就知道人的青春真的是留不住的。我也觀察到了，有些人到一個年紀之後就放棄了，知道再也不能夠把皺紋去掉了。接受這一點之後，反而有接受之後的美。有很多這樣的例子：一個人到了中年之後，滿頭白髮，就去染髮，染了之後，人們發現，哎呀，你年輕十幾歲了。後來發現，每個月都要染，太麻煩了。有一次就沒有染。別人說，你這個銀白色的頭髮特別有男性的魅力，從此以後他就不再染髮了。每一個人都有自己的生命階段，最好接受它，你喜歡自己生命的狀況，別人也會欣賞的。別人從外表看你，很快就會發現，你這個人有沒有自信。你這樣一想，就沒有問題了。很多人對我說，你怎麼頭髮越來越少了。我剛開始聽了不太好意思，但後來覺悟了，重要的不是頭髮，而是頭髮底下的東西。

◎除了面對衰老以外，疾病也是大家都不願意面對的。常可以聽到這樣的說法，說人本身抵抗癌症與其他一些絕症的能力是非常強的，當你自己並不知道自己的身體有什麼問題的時候，身體抵抗力非常之強，但是很多人恰恰問題就出現在，一旦知道自己身患絕症，那個時候就是身體抵抗機能開始下降的時候，為什麼會這樣？

現在西方的醫學強調身心醫學。一般講醫學只是談身體方面，有病就動手術、吃藥；現在則強調身、心配合。就是說，同樣生病的兩個人，一個人如果心理比較健全，意志比較堅定，求生的勇氣比較夠，他可以撐過去，說不定可以多活好多年；另外一個人，像前文提及的，他放棄求生的意志，覺得自己大概沒有希望了，這個念頭一出來，比什麼都更有殺傷力。不僅是有關生病的問題，人生的任何問題都是一樣，當你有困惑，陷入低潮時，就要看你心裡是不是有一種意念在說，我一定要想辦法克服它。以我自己的經驗來說，且不說生病，講我最困苦的時候，是在美國讀書四年，每天讀書十來個小時，當時苦得不得了。我心裡就想，我小時候書念得不錯，我念完學位回家之後也很有希望，我把對過去的回憶及對將來的憧憬聯合起來，用以抵抗當時讀書的壓力。生病也是一樣，哪一個人生病的時候不想到說，我以前沒病，以前很健康；然後再一想，很多人病了以後都治好了，那麼我將來治好了之後，可以做這個，可以吃這個，可以怎麼樣。你把過去跟將來的能量設法拉攏起來，對付現在的挑戰，這是心理上的一種方法。

我也聽過有一個癌症患者俱樂部，是由一些身患絕症但又樂觀向上的人所組成的，他們在一起，每天都提醒別人要笑，要樂觀處世，以此來相互鼓勵。據說在這個俱樂部當中，有的人延長了自己的生命，有的甚至戰勝病魔產生了奇蹟，這就跟我們剛剛所說的，心裡產生一種求生的意志有關係。人的生命是一個整體，有身有心，還有靈的部分。莊子說，身要修煉得像槁木一樣，槁木就是枯槁的木頭，代表身體不要有太多的欲望；心的修煉要如死灰，死灰就是這個木材已經燒完了，死灰不能復燃了。身、心要盡量排除外界的干擾，這個時候會出現一種新的力量，叫做精神。精神是什麼，聽起來很抽象，沒有人能夠講得清楚；但是你不能否認，當一個人在其他方面看來都沒有什麼希望的時候，他本身說不定有一種內在的力量發展出來。人的生命是很神秘的，它不是一個純粹的物質現象，還有一些我們很難解釋的部分。像前面所說的，癌症病人的例子。我們常常想，為什麼癌症病人可以互相鼓勵，珍惜每一天？其實我們每一個人的生命都有期限，至於身為癌症病人，互相鼓勵多活的那個期限，說不定勝過很多健康、到處跑動的人生活的期限；因為他們珍惜每一天，每一天都很踏實地去做他想做、該做的事。而我們一般的人呢？卻常常想著來日方長，不急，慢慢再做吧。有一本書提到一個問題：如果人生還剩下三天，你要做什麼事？那可不得了，當然珍惜每一天，要對誰說什麼話，要去關心一下誰……。但是平常所想的是，將來再說。像這樣就是浪費了生命。所以我覺得，癌症病人或者其他的病症患者都有類似的情況，他們會因為生命有期限而特別珍惜。我現在希望每一個人都能這樣設想，人生下來就好像帶著病一樣，準備將來要走；要把健康的時候，當作有病的時候，然後你就會珍惜每一天，這樣一來，說不定生命的品質可以全面提升。

◎對別人鼓勵也好，對自己鼓勵也好，給自己打氣也好，實際上似乎有點心理暗示的成分在裡面。莊子所謂的「道」當中，有沒有這樣的成分存在？

對於心理暗示，莊子好像並沒有特別強調這一點。因為他本身是一個悟道的人，能夠悟道的話，他的生命就變成像魚沒有離開過水，他就不會想到對自己說：我需要水，我需要水。所以在這裡我做一點點補充，如果你問：怎麼樣讓一滴水不要乾涸，不要被蒸發？只有一個辦法，把它丟到海裡去，這一滴水丟到海裡去，就沒有乾枯的問題，永遠不會乾枯了。人的生命就像一滴水一樣，過了中年，這滴水慢慢乾了，超過一半了。很多人都一樣，年輕時這一滴水很飽滿，但是隨著歲月蹉跎，將來一定有乾枯的時候，這是自然的規律。所以你要問自己：我怎麼樣讓我這一滴水不要完全乾枯呢？把它丟到海裡去。如何把它丟到海裡去呢？就是莊子所說的「悟道」，由此體驗到自己的生命基本上沒有什麼缺陷，也沒有什麼欠缺，要常常感覺到生命的充實，接受自己的現況。譬如我現在知道自己有什麼毛病，像血糖高、血壓高等「三高」，什麼都有了。知道之後沒有關係，坦然面對它。剛開始可能會覺得難以接受，總覺得是自己運氣不好，其實不要怪罪運氣，到這個時候實際情況怎麼樣，就接受它，重要的不是你有沒有什麼毛病，而是你怎麼樣跟它相處。這是遲早的問題，所以有關生病、衰老以及最後必然面對的死亡，莊子都有類似的態度。

◎**莊子對自己的死態度非常的坦然無畏。他說，我從來就是以天地為棺槨，日月為連璧，我還需要什麼陪葬品呢？這樣的生死觀好像和西方的生死觀有很大的不同？**

西方的生死觀非常複雜。我首先想到的是希臘哲學家蘇格拉底的生死觀。蘇格拉底的遭遇非常特別，活到七十歲，被人家誣告，說他對神不敬，腐化雅典青年。雅典青年本來對長輩都很尊敬，但蘇格拉底對他們說，你們要追求真理，不要只是盲目地尊重別人。後來蘇格拉底被冤枉，判了死刑。被判死刑後，正好碰到雅典有一個慶典，一個月內不能殺人，蘇格拉底也就在監獄住了一個月。這個時候他的學生準備好幫他逃獄，跟監獄的獄卒也說好了，但是他不肯走。他說，法庭依法審判我有罪，我一定要遵守法律。因此他的學生柏拉圖和別的親友們，每天都到監獄去探望他，看了之後便痛哭流涕。蘇格拉底說，你們痛哭什麼，又不是你們要走，是我要走啊。難道蘇格拉底真的不怕死嗎？事實上，他在法庭上已經說了一段話，兩千多年來這一段話在西方還有經典性的價值。他說，死亡只有兩種情況，第一種是死亡的時候，好像睡覺不作夢，一路睡下去了。平常我們睡覺的時候，能夠不作夢會覺得睡眠品質很好。現在死亡之後，有如完全不作夢，你為什麼生氣呢？你應該很高興，從此可以享受無夢的安眠了。

第二種情況是，如果死了以後還有靈魂存在的話，那就更好了。為什麼？因為身體是靈魂的監獄，當我活著的時候，擺脫不了身體，死了之後靈魂可以自由翱翔，回到我所嚮往的古人的世界，跟古代聖賢來往、做朋友，那不是更好嗎？他提出這兩點，完全沒有廢話。死亡就是兩種情況之一。從理性的角度思考死亡，西方到現在也肯定這兩句話。如果你說，死了之後還有輪迴，還有審判。很抱歉，那是宗教，我們現在不談宗教。在莊子看來，對於死後是不是去哪裡，並不構成問題；人的生命是氣的聚與散，真正到了該走的時候，也不需要有任何情緒。莊子還認為，人生的任何情緒，包括喜怒哀樂，都是一種不必要的干擾，你好好的，為什麼要喜怒哀樂呢？我們都知道喜、樂一般人比較喜歡，怒、哀一般人會覺得不太好，但是不要忘記，喜、樂同樣耗費能量，有時候還樂極生悲。人類的任何一個表情，任何一種情緒，都要耗費我們的精氣神。莊子希望我們全身保真，保住真正的生命的能量。然後活在世界上跟嬰兒一樣，看起來好像無知，因為在「道」裡面，誰有知識呢？越是有知識的，越是限制在你知識的牢籠與困境裡面。你完全沒有知識的話，就跟小孩子一樣到處跑來跑去，自由看著天上的白雲飄來飄去。莊子用各種方法來描述那種活在世界上的狀態，就好像風吹過來，一片葉子跟著飄，風停了，它也停下來，根本不需要自己有什麼特定的作為。如果說我要刻意養生，在《老子》第五十章就提到人的死亡是怎麼回事。十個人裡面，有三個壽命到期死了，有三個是不幸發生戰爭被殺死了，有三個是養生養得太好，也死掉了。真正符合標準的，十個裡面最多一個。

莊子和老子對於生死的觀念看起來雖然有一些不同，卻是殊途同歸，讓人們消解對死亡的恐懼，知道死亡並不可怕，也許只是換一個方式存在而已。說到消解對死亡的恐懼，西方還有一個哲學家伊比鳩魯，他被稱作享樂主義者，別人問他說，你們這個學派的人不怕死嗎？他回答得很簡單：我還活著時，並沒有死，何必怕死呢？我死了之後，沒有感覺了，又如何怕死呢？

另外，像孔子，我最羨慕他的就是他提到自己「不知老之將至云爾」。我覺得，對死亡可以有兩種態度：第一種是把死亡當作一個結束，第二種是把死亡當作一個目的的完成。像我們看電影，尤其是外國電影，最後都來一個「THE END」，結束。「END」這個詞有兩個意思，一個是結束，一個是目的。你這一生有沒有一個目的呢？我習慣把死亡當作一個目的的完成。如果你這一生每一天都在盡責任，像完成某種生命的目標，死亡就是劃上句號

——一個圓滿的結束。如果你這一生浪費時間，像孔子罵他的老朋友原壤，因為這個人「幼而不孫弟，長而無述焉，老而不死是為賊」，一輩子沒有做過什麼好事，只是這樣活著，到最後活得很老，還不死，孔子說他是傷害了做人的典型。年輕人看到他之後，會覺得，我何必做好事呢？做壞事不是一樣活得很久？這可不得了。死亡一方面是結束，但一定不要忘記，死亡也代表一個目的的完成。儒家、道家……真正的哲學學派，都會把這個目的當作一個死亡的檢驗。面臨死亡前，請問，你這一生達成了什麼目的呢？孝順夠了嗎？做人處世講道義了嗎？對自己作為君子能不能滿意呢？有很多問題你可以問自己，這樣一來，就可以把我們平常對於衰老及死亡的恐懼轉移一個目標，轉移到一個正確的方向。

◎為什麼人人都會怕死呢？一個人除了觀照自身生命時會害怕死亡，身邊的親人、好友去世了以後，他們已經沒有什麼感知了，可是卻把很多的痛苦留給了我們。面對生老病死，這也是其中的一部分，莊子的道在這種時候有什麼幫助？

說到怕死這個問題，有很多專門的研究。西方就認為怕死往往是害怕隨著死亡而來的痛苦，因為死亡跟生病常常連在一起，生病又帶來痛苦，所以很多人怕死。但有些人怕死是因為什麼呢？他這一生積聚的各種名利、權位要放下了，捨不得。第三種怕死，是因為他害怕自己走了之後，所有人際關係全部瓦解。如果一個人走了，他是你很好的朋友，你經常跟他說「我們、我們」的，到最後這個「們」字不見了，因為他走了。所以人活在世界上，建立各種深刻的關係，在死亡的時候全部都要放下，關係等於是網絡，每一點都不能少，少一點的話，整個關係網統統要瓦解了。然後最後一種怕死是宗教界的。相傳在唐朝，畫家吳道子畫過一幅地獄圖，十八層地獄，畫在長安掛出來之後，一個月之內沒有人犯罪，為什麼？大家看到地獄圖都嚇死了，上刀山下油鍋，太可怕了。但是一個月之後，人們又忘記了，做壞事的還是照樣做壞事。所以這個怕死有時候牽涉到各種心理上的狀況。如果你問哲學家，真正的哲學家沒有怕死的，像孔子說「未知生焉知死」，你何必在意死亡呢？你應該珍惜自己活著的生命。莊子更是如此。他對於死亡，只認為那是一個自然界的變化，就好像有白天就有黑夜，有春天、夏天就有秋天、冬天一樣。

至於自己身邊的親人、好友去世，卻把很多的痛苦留給了我們這一點，我想提一下個人的經驗。我的母親在醫院臥病十個月，我們兄弟姐妹平常不太來往，因為各有自己的工作和家庭，但到了這個時候，每星期一定見一面。後來我母親過世了，我才覺悟，她之所以在病榻受苦這麼久，是為了讓兄弟姐妹之間恢復過去的情感。每一個人的死亡會給親人帶來痛苦，但不要忘記，也會給親人帶來一種對生命深刻的思考，讓你去珍惜應該珍惜的情感。留給我們的是痛苦嗎？我相信不只是痛苦而已，也留給我們一些教訓，要我們珍惜還活著的時候。所以有時候要想，一個人走了，但是他留給我們的，恐怕是無盡的思念，這裡面當然也包括我們的痛苦在內，但是一定要從痛苦裡面覺悟另外一些啟示，這樣才能讓我們更珍惜彼此之間，像兄弟姐妹手足的情感，還有朋友之間的情感。

延伸閱讀

1.《莊子・至樂》

莊子妻死，惠子弔之，莊子則方箕踞鼓盆而歌。惠子曰：「與人居，長子老身，死不哭亦足矣，又鼓盆而歌，不亦甚乎！」莊子曰：「不然。是其始死也，我獨何能無概然！察其始而本無生，非徒無生也，而本無形；非徒無形也，而本無氣。雜乎芒芴之間，

變而有氣，氣變而有形，形變而有生，
今又變而之死，是相與為春秋冬夏四時行也。
人且偃然寢於巨室，而我噭噭然隨而哭之，
自以為不通乎命，故止也。」

2. 《莊子．人間世》

支離疏者，頤隱於臍，肩高於頂，
會撮指天，五管在上，兩髀為脅。
挫鍼治繲，足以餬口；鼓筴播精，足以食十人。
上徵武士，則支離攘臂而遊於其間；

上有大役，則支離以有常疾不受功；
上與病者粟，則受三鍾與十束薪。
夫支離其形者，猶足以養其身，
終其天年，又況支離其德者乎！

3.《莊子・列禦寇》

莊子將死，弟子欲厚葬之。
莊子曰：「吾以天地為棺槨，以日月為連璧，
星辰為珠璣，萬物為齎送。

吾葬具豈不備邪？何以加此！」
弟子曰：「吾恐烏鳶之食夫子也。」
莊子曰：「在上為烏鳶食，在下為螻蟻食，奪彼與此，何其偏也！」

第四講

風險與利益及義

- 莊子怎麼看待「利」，以及逐利時背後必然隨之而來的風險？
- 當有很多人為了逐利，不擇手段，甚至採取一些非法的、違規的方式來逐利時，就需要談到另一個層次了，叫做「義」。「義」是什麼？
- 莊子說過，人要想活得自在應該突破的四個限制中，其中一個就是義利。為什麼利和義會成為一種限制？又該如何去突破呢？
- 在莊子看來，義和利之間應如何取捨？

有一天，莊子到雕陵的栗園裡遊玩，看見一隻從南方飛來的怪鵲，翅膀張開有七尺，眼睛直徑有一寸，牠擦過莊子的額頭，停在了栗林中。莊子說：這是什麼鳥啊，翅膀大卻飛不遠，眼睛大卻看不清楚，你想要撞我的額頭嗎？於是提起衣裳，快步走過去，手裡拎著彈弓守候在一旁。這個時候，他看到不遠處有一隻蟬，正在樹蔭下舒服地乘涼呢，而樹葉當中有一隻螳螂隱蔽在裡面，正準備捕捉蟬，可是此時，那怪鵲的眼睛正盯住螳螂就要下嘴。這就是大家非常熟悉的「螳螂捕蟬，黃雀在後」的故事。看到此情此景的莊子，後來有沒有打下這隻怪鵲？（原文參考《莊子．山木》）

◎從前言的故事中，我們可以看到什麼？

莊子要不要把牠打下來，是一個很實際的問題。因為莊子很窮。他心裡想，出門去遊玩，帶個彈弓，看到這樣的鳥非打不可，打下來之後回家加菜。

但他到底有沒有打呢？顯然是沒有。因為莊子立刻就想到，萬物都是互相牽連的，蟬後面有螳螂，螳螂後面有怪鵲，怪鵲後面有我準備射牠，那麼我後面呢？也就是說，當你有某種圖謀的時候，你以為自己很聰明，但恐怕正好忽略了自己的處境有什麼危險。所以莊子非常聰明，確實是了不起，能夠從這個一環緊扣一環，想到自己後面說不定有人在準備對付我，誰呢？守園的人。守園的人會以為，這個人大概是小偷吧。莊子想到這一點，扔下手中的彈弓，吃飯的傢伙都不要了，立即往外跑。但是來不及了，守園的人已經追出來，大叫：小偷別跑。

在這個故事中，每一個獵取的對象都是代表著「利」。問題在於：像蟬找到舒服的地方，當然是高聲唱著「知了、知了」，不然不會把螳螂吸引過來；那麼螳螂呢，牠只看到有獵物在那邊，忘了自己也是有身軀的；異鵲更荒謬了，飛的時候，翅膀居然碰到莊子的額頭，牠沒有想到這個人拿著彈弓啊。只看到自己要追求什麼，卻忘記了自己的處境。所以說，倒不是說逐利不對，而是，眼前的利經常會帶來各種危險及後遺症。

◎莊子所說的利，它的含義是什麼？

「利」基本上就是可以給人帶來各種好處的。這些好處有的是社會所定出來的，譬如，能夠得到富貴，還有名聲、榮譽等，這些都屬於人的社會認為是有利的。因為擁有這些條件之後，到任何地方都方便，別人都願意來幫忙、為你服務。如果沒有的話，寸步難行。其他方面的利則是對自己來說的，譬如我有健康的身體，體能過人之類。「利」這個字，是一個人很自然的要求，我們談到利的時候，不一定非要反對它不可。西方談到倫理學的時候，有一個很好的觀念：每一個人都是從自己的角度來看這個世界，沒有例外的。譬如說，我們要保護野生動物，那也是我們人類在保護，所以就選擇貓熊、金絲猴等來保護。但是我現在請問，真的要保護野生動物的話，你在家裡看到蟑螂會保護嗎？蟑螂不是我養的，也不是你養的，是野生的，但是你毫不客氣地消滅牠，這說明什麼？說明人還是有主觀的認識，就是你以為你是客觀的，事實上你還是主觀的。西方談倫理學的時候，不會排斥自我中心的思考模式，它反對的是損人利己：為了自己的好處，傷害別人的或群體的利益。

◎「逐利」應該沒有什麼不對，但是利的背後隱藏的是危險。換一個詞來講，利的背後實際上是隱藏著「風險」，風險越大可能得到的利就越大。但似乎利永遠都是和風險並存的，是不是風險太大就不要去追逐它呢？

風險大到什麼樣的程度要思考一下。《莊子．列禦寇》裡面有一個故事可以做為參考。有一戶人家住在水邊，兒子有一天潛水找到一顆寶珠，拿上岸之後說：發財了，找到寶珠了。他父親就說，立刻把它砸碎。兒子問：為什麼呢？父親說：這個寶珠藏在深水裡面黑龍的下巴底下，牠一定睡著了，你才有機會撿到寶珠；你今天撿到寶珠，就會想：明天再去撿一顆吧。萬一黑龍醒來，你就會粉身碎骨。莊子講這個比喻的用意是，在世界上得到利，像功名富貴，那恐怕是君王「睡著」了，所以你才能夠得到富貴。但是伴君如伴虎，他哪一天醒來了，心思一轉變，覺得你功高震主，就像人們常講的「過河拆橋」、「狡兔死，走狗烹」，你馬上粉身碎骨。你的利越大，危險相對就越高。像現在講的風險，風險大，可能的利潤大，但是可能賠進去的也越多，不怕一萬，只怕萬一，所以要適可而止。

所謂的適可而止，我們講一段《莊子．達生》裡面有關賭博的故事，我們很難想像莊子也懂得賭博。這個故事說，如果你用瓦片跟別人賭博，因為瓦片不值錢，你可以揮灑自如，聰明才智表現得非常好；如果用帶鉤做賭注（帶鉤在古代是很貴重的），你就會覺得頭暈腦脹了，因為這一輸，家產恐怕就去了一半；如果用黃金做賭注的話，心裡面就恐懼不安，快嚇死了。因此，你要想取得利益的話，這個風險是相對於你的資產條件而定的。如果你有一百塊錢，你去賭一塊錢，百分之一，沒有問題；對有一萬塊錢的人來說，他跟你賭一百塊，是他的百分之一，那麼你賭得起、輸得起嗎？輸不起。所以有關利的問題，每一個人都要衡量自己的情況，在能夠輸得起的範圍之內，做一點冒險，可以；如果超過這個範圍，那最好避免。

◎從另一方面來看，為了獲取更大的利益，對風險無所畏懼，譬如說，一對即將步入婚姻殿堂的新人，說到買房子，就會想，憑什麼別人住的房子比我們大呢？所以要買大的房子。為什麼別人的車會比我們好呢？所以要買好車。最後所有的一切都想比別人好，於是他們就選擇冒更大的風險去獲取更大的利益。這是否也是推動人類、社會、文明前進的重要推動力？

這種說法有一些道理，不過看看先進國家，譬如美國，美國人國民所得很高，但生活並不寬裕，因為每個人都在付貸款。我買大房子，我買好車子，然後貸款恐怕要付二十年，這二十年之內你都不敢隨便消費。我有很多朋友從美國回來之後，看他們的生活方式比我們還要簡樸，因為他們說，所有的錢已經預先開銷、消費了。這樣一來，為了以前已經消費的東西，你以後的日子都要去擔心。這不太符合我們中國人的傳統觀念，中國人還是喜歡賺多少花多少。就像我的母親從小就教我們，不管賺多少，一定要留百分之三十左右，長期下來之後就有了積蓄，到時候你再去買房子，買車子，心安理得。當然這恐怕是舊的觀念了，但是我相信，這種舊的觀念反而比較符合我們一般人的需要。

當然，在這裡面有一點是很難克服的，那就是欲望：憑什麼你的房子比我的大？憑什麼你的車子比我的好？憑什麼你在這方面、那方面的條件比我好呢？要回答這些問題，我們可以參考前言的故事結尾部分。莊子從栗園回家之後，三天都不開心。他的學生藺且（《莊子》書裡只有這個學生寫出了名字）

就問他，老師為什麼不開心啊？莊子說：我看多了濁水，反而忘記了清水。也就是說，本來我是很單純的，因為各種利益的糾葛在腦袋裡面，反而變得非常的複雜了；然後，我今天有這樣的遭遇，讓別人在背後追著我罵，這豈是我所要的？可見，莊子對於自己的遭遇，心裡始終還是不太平衡。這個故事告訴我們，一個人本來是單純的，單純的人有他的快樂，如果為了外在的利益而迷惑，甚至失去、忘記自己的本真，那麼他付出的代價，也許遠超過他所得到的快樂。

◎當有很多人為了逐利，不擇手段，甚至採取一些非法的、違規的方式來逐利時，就需要談到另一個層次了，叫做「義」。「義」是什麼？「義」好像被儒家提得比較多，在儒家的觀念中，「義」作何解？莊子又是如何看待「義」？它們兩家的差別是什麼？

「義」就是正當性，所謂的正當性，就是你是否合法，是否合乎禮儀、禮節、禮貌的要求。如果你只為利益而忘記這所有的正當性，那你得到利益以後，別人會說這個人太粗俗了，或者說這個人沒有什麼教養，那也是得不償失。因為表面上你得到某種利益，很風光，但是別人心裡面還是看不起你。一個人活在世界上，最好能夠廣泛地看，對自己有利，對別人也有利，也就是說，得到某種利益，不要有相對的後遺症。這樣一來，他的利就比較能夠得到別人的認同。所以，說到義跟利的關係，是每一個學派都要思考的問題。

像現在有不少黑心產品，最後危害的是其他的人，這就違反了最基本的誠信，也就是「不義」。

以做生意為例，西方有一個很好的理論可以參考。假設我開一家小小的餐館，上面貼四個字——「童叟無欺」。這時有兩種情況：第一種情況是，我開小店「童叟無欺」，是為了將來生意可大可久，因為招牌好，別人相信我，知道我有誠信，所以我這樣做是考慮到將來的生意。第二種情況是，「童叟無欺」本來就是道德的要求，是我本來就應該做的，我完全不考慮將來生意怎麼樣，只是因為我應該童叟無欺。在西方，這兩種立場不一樣。一般認為第二種有一點唱高調；第一種呢？如果是為將來的利益著想，萬一有一天發現無利可圖，是不是就「童叟皆欺」呢？所以我們對一般人的期許是，最好是「可以得到利又符合義的要求」，就好像孔子說，見利要思義，看到好處就要想該不該得。最不應該的是見利忘義。

以一個故事來說明，有一位老師，他告訴學生們以後在社會上從事各行各業應有的態度。他說，如果你今天是賣便當的，第一個，你賣的便當，不比別人貴；第二個，你賣的便當，自己也敢吃，這樣就可以了。因為很多人賣的便當裡面的材料很差，自己不吃的。像有些地方的菜販子，自己種的菜有農藥，他就挑到市集上去賣，他自己去跟別人買沒有農藥的菜吃。這樣子做生意就是只知道牟利，完全沒有道義。你做一樣東西，應該做到自己也接受這是好東西。就像我做的便當，我自己也吃，然後賣給別人的時候，也不必特別便宜，因為特別便宜的話，到時候也妨礙商場上的行規；我跟其他人賣一樣的價錢，但是我的便當我自己敢吃，我愛吃。這樣一來，就是合乎義利配合的要求。

在儒家裡面，「義」的前面有「仁」，即仁義。仁義的討論，在《孟子》裡最多。孟子強調仁義是由內在真誠發出來的力量，讓我自己去做該做的事。仁從孝順父母親開始，再推廣到對別人好；義從尊敬長輩開始，再推廣到遵守規範。仁和義有不同的內容，但是都來自一顆真誠的心。到了後代的學者，理解就不一樣了，後代把仁義當作一種口號、標榜。所以《莊子》裡一再批評儒家，原因就在這裡。從古代的聖人到後面的孔子、孟子，都努力宣講仁義，但是，後代講到仁義，有幾個人可以讓大家肯定的？到最後變成口號，變成宣傳。政府如果說，要選拔合乎仁義的人，就開始有人假仁假義，然後不仁不義者也說自己是仁義之徒。莊子說「彼竊鉤者誅，竊國者為諸侯，諸侯之門而仁義存焉」（〈胠篋〉），意思是說，你偷一個帶鉤，被殺了；你偷一個國家，卻當諸侯了，諸侯的門前，很多人會稱讚你有仁義。為什麼？當諸侯之後可以封別人為官，不管你是如何得到國家的；你當了諸侯，別人有官做，當然說你有仁義了。這就是莊子的批判，他對於「仁義」很是擔心，他不是反對仁義，他是擔心仁義被利用。

莊子把義看作天下戒律。義就是說，你到任何地方都有國君，你認為這個國家不好而移民到那個國家，照樣有國君，還是要納稅，等於說「無所逃於天地之間」（〈人間世〉）。因為人是社會性的動物，不可能獨自生存，從小需要有人照顧，慢慢長大，長大了之後，你能夠忘本嗎？能不感謝國與家保護你、照顧你嗎？所以納稅也叫做義。莊子認為，義也是我們不能避開的。

儒家是從人的角度來思考，以人為本。以人為本的話，非講義不可，因為人跟人相處一定有長幼尊卑，有應該怎麼做的一個規矩。孔子到七十歲才能夠說，「從心所欲不逾矩」，我的心愛怎麼做就怎麼做，到七十歲才能夠隨意而不違背規矩。那個規矩就是你判斷義不義的一個標準。

好，問題來了，定了標準就麻煩了。因為道家認為，人是有他該做的事情，像莊子為了養家糊口，也必須去打獵；但是你把義當作口號或標語，跟天下人說，我們要行義，你這一說就糟了。很多人就習慣把這個當作口號，做任何事都考慮到：不是我真心願意做，而是我要符合那個義的招牌，符合義的要求。這樣一來，變成本末倒置，做久了之後，變成是完全不用內在的情感。我對你好，是因為別人在稱讚我，別人在鼓勵我，不是因為我真心想對你好。接受我好意的人，恐怕也覺得不太願意接受了。道家強調的是，儒家原來的理想很好，行善是出於內心的真誠情感，但是到後代就變成口號，道家最反對的就是口號與形式。儒家與道家，如果要說明他們的相關性或者對立性，我再舉個例子。

在〈田子方〉篇中記載，莊子有一次到了魯國，去見魯國的國君，國君就說，我們魯國人很少人像你莊子這樣，學這種方術的，我們都是儒家的信徒，所以滿街都是穿儒服的。莊子說，魯國很少有真正的儒者。結果，魯君很生氣，滿街的人穿儒服，你怎麼說沒有儒者呢？莊子說，好，那你現在貼一張公告說，凡是不懂儒家道理而穿儒服的，一律處以死罪。公告貼了五天之後，滿街沒有人再穿儒服，只剩下一個人穿著儒服。莊子就請國君把這個人請進來，問他任何有關儒家的問題，他都可以回答。莊子還說明，儒服有一個特色，帽子上面是圓頂，鞋子是方的，所以戴圓形帽子的懂天文，穿方形鞋子的懂地理；身上佩的是五彩絲帶所繫的一塊玉玦，玉玦代表遇事能夠決斷，不管發生任何事情，都懂得怎麼判斷。帽子、鞋子等都是外在的裝飾品，任何人都可以買來穿，但是有幾個人真正具備這些真才實學？全魯國只有一個。莊子以這個故事提醒我們，這些所謂的儒家講到「義」時，統統變成口號、教條和形式，因此我們寧可強調人的真誠。所以道家的「義」是回到人的真實與真誠的層面，做他所該做的事，不要像儒家徒然設了許多外在的標準和規範。這是兩家學派最大的不同。

莊子對於這些所謂的道德仁義並不反對。他認為，一個人的真實性情表現出來，本來就會有道德仁義的作為，所以不需要刻意宣傳這些，你一旦說出口來，就代表「我是在努力達到一個標準」。因此，莊子的義是說，人本來就是這個樣子，根本就沒有必要強調要變成某種特定的樣子。一個真實的人不可能不義，也不可能不仁，所以你就不要叫他去行仁義。

或許我們可以再看看莊子的另外一段話。在〈駢拇〉篇，莊子說，你看一隻鶴，腳太長了吧；一隻鴨子，腳太短了吧。現在我們想辦法把牠們中和一下，把鶴腳剪短一點，把鴨腳拉長一點，結果這兩種動物都會受不了，痛苦無比。你為什麼不讓鶴當鶴，鴨子當鴨子呢？像白鶴，沒有洗澡就是那麼白啊，烏鴉沒有染黑，就是那麼黑啊，這就叫做自然的、天生的。莊子喜歡使用各種生物的情況做為比喻。因此，莊子不會反對仁義這些好事。你做好事，你守規則，莊子不會反對。他反對你把它當作一回事，就好像標舉某某人很講究仁義，某某人很有信用，你把這些當一回事，要求人人都要向他們學習。這樣一來，每一個人都忘記了自己身上本來有可貴的部分，本來具有自然本真的一面，那才是我們最應該珍惜的，因為只有本真才能夠保持恆久。

◎莊子對「義」看似反對的言論，是否因為他擔心有些人會因此變得虛偽？那麼，是否「真」就是比較好的？比如「真小人」好嗎？也常聽到有人說真小人比偽君子可愛。

偽君子、真小人這種說法確實存在，我想在分類上可以更完整一點。有偽君子就有真君子，真君子是由內而發，真正願意做好事的人。你如果明白儒家講的人性向善，就不可能指摘孔子、孟子是偽君子。真君子可以殺身成仁，捨生取義，是值得敬重的好漢。然後，說到真小人，同時也有很多偽小人，偽小人什麼意思呢？好處來了，他就裝小人，他其實不是真正的小人，他只是為了外在的某種利益。我們平常只說到偽君子、真小人，但是有一個問題，如果你把真小人當作一種比較理想的情況，請問，誰不會當真小人？臉皮一扯破，都是真小人，見利忘義誰不會呢？所以說真小人，是說至少他沒有偽裝，可是他表現出的是人的劣根性這一面，不偽裝就變成赤裸裸的飛禽走獸一樣了，你說他好嗎？這不符合莊子的要求。莊子基本上是主張「外化而內不化」（〈知北遊〉），也就是說外表盡量尊重社會規範，不會讓別人覺得你這個人標新立異、特立獨行，亦即外表跟別人完全一樣，這就是老子的「和光同塵」；但是，內心不受干擾，內心裡面與「道」結合，這一點絕不妥協。我們可以說，莊子外表上恐怕只是平凡人，內心裡面則是一個真君子。或者我們說莊子是真君子，可能不太適合，應該講「真人」，我每一次念莊子的書，看到他對「真人」的描寫都覺得很慚愧，因為相較之下似乎大多數人都是假人。我為什麼覺得慚愧呢？是因為最羨慕的就是他筆下的真人至少做到八個字：其寢不夢，其覺無憂。睡覺時不作夢，醒來後沒煩惱。（〈大宗師〉）我是一睡覺就作夢，一醒來就煩惱，所以我覺得自己太慚愧了。

可能有人會說，這不就是那些思維簡單，成天傻呵呵的人的寫照嗎？說實在的，這種人也真是讓人羨慕。他從來都不覺得有什麼需要，或有什麼缺乏，他在任何地方都可以隨遇而安。像真人，應該是這樣的表現：他感覺到生命內在的本有的一切就足以安頓自己，他對任何事情都以一種欣賞的眼光來加以讚嘆，他不會覺得誰比誰怎麼樣，誰又如何如何。我們講仁義時，最怕的就是有一種比較的心。一見面就問，最近功夫修煉得如何？德行有沒有提高？這樣一來，就變成是：你修養德行，代表你希望符合某種標準。你一旦符合了某種標準，很可能忘記了自己願不願意做，以至於到最後變成是一輩子都在表演某種角色，是一個標準的假面人。

◎但莊子又說過，人要想活得自在，就應該突破四個限制，那就是空間、時間、生死、義利。為什麼利和義會成為一種限制？又該如何去突破呢？

義、利是人類社會不能避開的，義代表規範，利代表好處。人活在社會上總是有各種競爭的關係，每一個人都希望透過某種努力得到一些比較好的結果，這叫做利。但是，如果沒有規範，那不得了，有些人很能幹、很有本事，把利都占去了，怎麼辦呢？對很多弱勢的人就不太公平了。這個時候就要有規範、法律來限制，所以法律規章就比較偏向「義」這一方面，就是應該怎麼樣行動。可見，義、利是人類社會所展現的一種特色。莊子認為，如果你陷入利的要求，你的生命就很難自由自在了。有人追求利益，有人追求道義，莊子認為都不好，為什麼都不好呢？因為你可能為了這些利或義，而放棄自己生命的真實情況。

莊子用我們很熟悉的蝸角之爭的故事來說明這一點。在《莊子．則陽》裡面，蝸角之爭占了相當大的篇幅，它是一個寓言故事。魏國和齊國簽了和約，齊國後來違約了，魏國的國君非常生氣，他首先就想到要派人暗殺齊君。結果大將軍公孫衍說，大王，我覺得你這樣做太可恥了，你如果要對付他，還不如讓我帶兵二十萬，把他打得落花流水，讓他去後悔。講完之後，第二個人季子，是主和派，他說，我覺得打仗太可恥了，好不容易建起城牆，建了七仞，還差三仞，我們有七年沒有戰爭了，你現在打仗，不是前功盡棄嗎？讓我們去跟他講和吧。這時第三個人上來了，叫做華子，他說，主張打仗的，是製造搗亂的人，主張講和的，也是製造搗亂的人，主張他們兩個人製造是非搗亂的人的我，也是搗亂的人。

魏王就問他，那我應該怎麼辦呢？他說，你順著自己生命的真實情況去做就對了。一個國君怎麼聽得懂這種話呢？惠施來了，知道這件事之後，惠施說，我替你介紹一個人，這個人叫做戴晉人，請他來開導開導。戴晉人這個名字聽來很怪，有人認為，這也許是「代為晉見的人」的意思，我猜應該是莊子的筆名。

我們先把故事岔開，說另外一段有趣的事。〈秋水〉篇記載，惠施在魏國當宰相，聽到莊子要來找他，本來很高興，但是他底下幾個人說，小心啊，莊子的才華比你高幾倍，他來的話，他當宰相，你怎麼辦呢？惠施緊張了，立刻發出通告，貼出畫像，全國追捕莊子。莊子何曾受過這種侮辱，直接到相國府，找到惠施，見面不說別的，就說寓言。說南方有種鳥叫鵷雛，往北方飛，這種鳥飛的時候，不是梧桐樹不停下來棲息，不是竹子結的果實不停下來吃，不是甘美的泉水不停下來喝。這時底下一隻貓頭鷹抓到腐爛的老鼠，看到鵷雛飛過去，大叫一聲，「嚇！」然後莊子說，你想拿魏國來嚇我嗎？換句話說，你的宰相之位對我來說，無異於一隻腐爛的老鼠。惠施聽了這樣的話，才放下心來，放心之後，正好國君有問題想不開，這時他可能對莊子說，你就用筆名吧，叫戴晉人。我們再回到前文。

戴晉人到堂上就說，有一隻蝸牛，頭上兩個角，一邊叫做觸氏，一邊叫做蠻氏，等於是兩個部落。這兩個部落打仗，殺來殺去，一打就是十幾天。但是，就算打贏了，也不過是占到蝸牛的一個角而已，有什麼好爭的呢？魏國國君聽了說，你跟我開玩笑吧？你在講什麼我聽不懂。莊子說，請問，天地四方有邊界嗎？沒有吧，天地四方那麼大，簡直是無窮的。在天地之間魏國很小，魏國的首都是大梁，大梁裡面有魏王，更小吧。你跟別人相爭，從天地、從整個宇宙看起來，那不是跟蝸牛角一樣小的地方嗎，何必爭呢？魏王聽了之後，就釋懷了，然後把惠施找來，因為惠施推薦有功。魏王說，這個人真了不起，應該比堯舜厲害吧。結果，惠施怎麼說呢，堯舜算什麼，戴晉人的功力比他們還不知高了多少倍。這個惠施，自從莊子明說不搶他的宰相位置之後，什麼都好談了。

回到正題，這個故事的意思是說，利是一個有形可見的土地之爭，這個城給我，那個城給你，這個利對國君來說，恐怕很值得在乎，但是從整個宇宙來看，土地算什麼呢？想知道應該怎麼做，最好順著自己生命自然的要求，讓自己活得開心一點。如果你開始為國事煩惱，將軍獻策要打仗，外交官就說要講和，然後第三個人又說我們都在搗亂，弄到最後，不是天下大亂嗎？所謂「天下本無事，庸人自擾之」，從這裡就可以得到啟發。

但在現實生活中，面對各種利益時，我們的確很難做到「不爭」。事實上，我們比較喜歡社會上的競爭，有明確的規範。譬如說我是老板，就定個獎懲辦法，你達成什麼樣的功勞，就有什麼樣的獎勵。這樣一來，每個人都知道該怎麼做，自己大概會有什麼樣的待遇，而不用經常隨著老板的心意，盲目地去猜測。

在人的社會就照人的規矩來，莊子絕對不會反對，他希望在這個社會上，能夠做到外化，與別人化成一個整體，讓別人不要覺得自己有什麼特別的地方，這即是他的原則。莊子的目的是要我們「內不化」，保持內心裡面屬於真實自我的這一部分，這一部分不能保存的話，你得到的再多也比不上你所損失的部分。

◎在現代社會中，多的是見利忘義的人，也有些人會捨生取義，那麼在莊子看來，義和利之間究竟該如何取捨？

我們可以這樣說，你所見到的利，是小利，還是大利？小利、大利怎麼分呢？小利就是以自我為中心所得到的利，你得到這個利，別人就對你有各種意見了，因為你得到，別人就沒有了。那麼大的利是怎麼樣的呢？是非自我中心的，就是我做的事是我該做的，該做的就是義，做了之後，得到的結果也算是利，所以這個利是我該得的。除了這個之外你不要有其他太多幻想，尤其是不要貪非分之財，希望運氣好一點，有一些財運等等，因為這些東西可能使你迷惑本性。所以在莊子來說的話，他會強調，你要把這個求利的心從自我中心化解，變成非自我中心，然後依照「義」，即社會規範來做事，如此得到的利，就可以接受。

在莊子看來，他希望我們不要求小的義，要求大的義。大的義就是能夠順其自然，本來就沒有必要區分誰是義，誰是不義，要超越這個區分，讓自己順著本來正常的情況去做。你一分辨誰義、誰不義，這樣一來，就變成是「諸侯之門有很多仁義」，那恐怕都是因勢利導，不見得是真的義。所以莊子的義是大義，大的義是符合天地自然的規則，你順著它去做就可以了。至於利的意思也是一樣，小的利是自我中心的，大的利是不以自我為中心，對萬物本身存在的條件都加以尊重，這才是對待萬物最好的方法。

在義的層面上，順著正常的方式就可以了，不要去想義和不義；在利益方面，也不要患得患失，只要按照合乎正常的管道去獲取就可以了。而且在莊子看來，沒有了欲望，可能你的錯誤反而更少了。所以莊子實際上希望人們把欲望或者期望值降得稍微低一點，正因為這樣，也才可能達到逍遙之境。他的逍遙不是說什麼都不管，也不是不負責任的逃避心態，而是一種覺悟力，能夠看到各種條件配合好了，怎麼樣做可以讓自己的生命安定，長期維持一種自在的狀態。

進一步，還要把這個利當作利於每一個人，利於每一樣東西。道家的思想是，「道」產生了萬物，人也在其中，因此，萬物都有一定的生存條件和理由，如果一個人得到利，他是以自我為中心的話，很可能在這個過程裡面，傷害到其他人或者其他萬物的一些生存的條件。因此，人要設法把自我中心的利益變成非自我中心的利益。

延伸閱讀

1.《莊子．山木》

莊周遊於雕陵之樊，覩一異鵲自南方來者，翼廣七尺，目大運寸，感周之顙，而集於栗林。

莊周曰：「此何鳥哉？翼殷不逝，目大不覩。」

蹇裳躩步，執彈而留之。

覩一蟬，方得美蔭而忘其身。螳螂執翳而搏之，見得而忘其形；異鵲從而利之，見利而忘其真。

莊周怵然曰：「噫！物固相累，二類相召也。」

捐彈而反走，虞人逐而誶之。莊周反入，三日不庭。藺且從而問之：「夫子何為頃間甚不庭乎？」莊周曰：「吾守形而忘身，觀於濁水而迷於清淵。且吾聞諸夫子曰：『入其俗，從其俗。』今吾遊於雕陵而忘吾身，異鵲感吾顙，遊於栗林而忘真，栗林虞人以吾為戮，吾所以不庭也。」

2.《莊子．則陽》

戴晉人曰：「有所謂蝸者，君知之乎？」曰：「然。」

「有國於蝸之左角者曰觸氏；有國於蝸之右角者曰蠻氏，時相與爭地而戰，伏尸數萬，逐北旬有五日而後反。」
君曰：「噫！其虛言與？」
曰：「臣請為君實之。君以意在四方上下有窮乎？」
君曰：「無窮。」
曰：「知遊心於無窮，而反在通達之國，若存若亡乎？」
君曰：「然。」
曰：「通達之中有魏，於魏中有梁，於梁中有王。王與蠻氏，有辯乎？」
君曰：「無辯。」
客出而君惝然若有亡也。

第五講

與他人相處

- 莊子交不交朋友？他在交友方面能給我們什麼樣的意見？
- 莊子為什麼提出「先己後人」？
- 虛偽造作容易被人討厭，但相反的，性情中人在社會上也容易碰壁，莊子會怎麼看待這兩種人？
- 關於與人相處之道，在莊子給我們的建議中，最關鍵的是什麼？

《莊子．人間世》裡面有這麼一個故事：孔子最得意的學生顏回來跟孔子請假，說：老師，我要出國去了，不能再跟您繼續學習了。孔子就問，你要到什麼地方去啊？顏回說，我要去衛國，輔佐衛君。老師您不是跟我們說過，治理得很好的國家，不用去，去了也是白拿人家工資，要去就要去危險的地方、困難的地方。現在衛國很亂，正是需要我的時候，老師您看怎麼樣呢？孔子提醒他說，你去了可能會沒命。顏回心裡肯定很納悶，老師怎麼沒個準啊，之前讓我去艱難的地方，現在又不讓我去了，衛國到底該去還是不該去呢？

◎孔子為什麼會對顏回這樣說呢？

因為孔子想考驗一下顏回準備好了沒有，你說你到衛國去，想幫助國君，但是你了解那個國君嗎？他的性格與想法你知道多少呢？顏回只是一片好心，許多讀書人稍微有點學問，就覺得自己應該為國家做點事情，但是又不了解實際的情況，到時候恐怕是白白浪費力氣。

接下來，孔子問他，你準備怎麼做呢？顏回提出三種方法：第一種，我設法跟自然學習，跟自然學習就是說我是自然的孩子，國君也是自然的孩子，每一個人都是來自大自然的，所以大家都不要有心機，等於是從根源開始；第二種，我設法按照人的規矩，該跪下就跪下，該請安就請安，國君也不能說我不合禮儀；第三種，我用古人的話來教訓國君，亦即不是我在說他，而是古人在說他。

但是孔子不滿意。他說，這樣還是不夠，那三套方法用在衛國國君身上不會有什麼效果，所以你還是不要去了。因為孔子知道，國君也是一個人，萬一哪一天他心情不好，一氣之下，不會對魯國來的一個顏回講客氣的。他如果不信賴你，你以為自己是直言進諫，話說多了，他認為你在誹謗他；如果話說少了，他可能認為，你的話說得不太中肯。怎麼樣做都不好，動輒得咎，這個時候你就要考慮到自己的處境危險了。

孔子最後給顏回的建議是什麼？那其實是莊子給大家的建議，叫做「心齋」，也就是一種特別的修養方式，我們可以把它放在「跟別人相處」上面來看。孔子認為顏回還不夠，因為他還需要某些修煉。孔子說：「古之至人，先存諸己，而後存諸人」，就是說我自己先修養到一個層次，再來要求別人；否則光說別人做得不好，應該如何、如何，誰都會說，也很容易說。但是請問，你說的就算是對的，我為什麼要聽呢？因為你自己也不見得做得到。人與人相處最怕的就是由於缺乏信賴而說了過多的話，結果反而會造成誤會。

◎「先存諸己，而後存諸人」，和我們一般從小被教育的，「別人的事情總是比自己的重要」不太一樣，莊子為什麼要提出先己後人呢？

這裡所謂的「人」是指天下人，天下人這麼多，從父母開始，到親戚朋友，到外面一般不認識的人，都是天下人。如果說你先考慮到別人，要考慮誰呢？光是想到「別人」這兩個字，就排不完順序了。所以你自己如果不能先站穩，能幫得了誰呢？儒家談論人我關係，注意到人我之間的互動，構成一個網絡，但是也強調「己欲立而立人」，自己想要站穩也要幫助別人站穩。像這樣的話，說明儒家也是從修身開始，也是先從自我要求開始；至於道家思想，它不管你能不能幫助別人，總是要你先保住生命的真實情況再說。生命的真實情況要求是很少的；平常我們與別人來往，要求別人這樣那樣，往往是希望別人給我們某種回饋，道家就是設法把這些因素放開，珍惜自己的生命，覺悟自己有什麼樣的潛能可以開發出來。

莊子提出的這種所謂先己後人的處世方法並不算另類，但是也有人批評莊子，說莊子這種想法和孟子所批評的楊朱一樣。楊朱的著名的做法是「拔一毛利天下而不為」，莊子也是寧可保護自己，而不願意傷點腦筋去保護天下人。事實上這並非莊子的想法，莊子如果可以做一點事幫助別人，他肯定願意的。

問題在什麼地方呢？做這點事也不見得幫得了別人。很多時候你以為你能幫別人，你幫了他現在，說不定害了他將來。所以我們常說，如果你對一個孩子過度溺愛，你以為你在愛他，他將來反而不能夠獨立生活，變成在未來有更大的困難。莊子喜歡從長遠來看，所以會說，我自己先站穩，先珍惜自己的生命，如果別人都跟我一樣，珍惜各自的生命，天下就太平了。這是他的基本觀點。

《莊子・養生主》裡面講到「為善無近名，為惡無近刑」，有人把它理解成：做好事不要做到接近出名的程度，做壞事不要做到接近受罰的程度。這種情況就變成：你可以做點小壞事，不要做大壞事，做大壞事就要被懲罰了。這樣講，等於說好事先做一半，壞事再做一半，都沒有什麼麻煩。這不是莊子的意思，莊子的意思是：善於養生的，不會贏得長壽的虛名；不善於養生的，也不會弄到傷殘的地步。如果你善於養生，今年八十幾歲，臉色紅潤，別人都問你養生的道理，你一天到晚就跟別人講這些道理。說實在的，這樣因為養生而出了名，反而讓你累得要命，違背了養生的原則。那麼倒過來，「為惡」並不是做壞事，而是說，你不善於養生，也不要弄到傷害自己的程度。譬如，我吃喝玩樂，不注意身體的需求，結果導致中風，身體殘疾。這才是莊子「為惡無近刑」的意思。如果我們把這句話單獨抽出來看，難免容易造成誤解，離莊子的原意就很遠了。這跟前面的說法可以連起來，前面說先己後人，「先己」就是要先珍惜有形可見的身體、生命，你才可能開發到心智方面以及其他層次的境界。

◎莊子有一個看法：「為人使易以偽，為天使難以偽。」受到人情的驅使，人會容易變得虛偽；受天道和自然的驅使，人就不會變得虛假了。這好像說周圍的人，就是除了自己以外的人，都很可怕，只要人和人在一起，就會變壞，是這個意思嗎？這算是社交恐懼症或是企圖逃避嗎？莊子交不交朋友呢？

道家把人的生命看得很特別。宇宙萬物有一個特色，就是規則性，像春夏秋冬、寒來暑往這些；但是人類出現了之後，身為萬物之靈，腦袋特別聰明，就會想東想西，就會進行設計，像禮樂制度、上班的規則這些；設計出來之後，我跟別人相處、來往，就沒有辦法不照著做，逼得我不得不偽裝。如果我不偽裝，別人就認為我好像沒有教養或者不會說話。如果依循自然界的規則，就沒有偽裝的問題，按照自然界的發展，我是一個生命，這個生命跟其他生物的生命一樣，飢則食，渴則飲，累則睡，很單純。這個狀況其實正好反映出道家的觀點：人的生命分成兩部分，人的身體屬於大自然，心智則屬於人類所特有。人類有思想，就有選擇的問題，一有選擇，就會安排各種禮樂教化，就是前面所說的。

確實有不少人批評莊子，說他有逃避主義傾向，對人間好像不太信任，要設法避開。事實上，當時是戰國時代中期，戰亂頻仍，到處都有危險的情況發生，在這個時候，遁世隱居就是一種智慧的抉擇。你如何讓自己可以活得平安而長久？或者活得轟轟烈烈一下子報銷了？那就得看你自己的判斷了。

至於社交恐懼症，在古代沒有這樣的觀念，因為古人的社交活動往往是對應著行業的，譬如我從事什麼行業，就同這個行業的人有比較多的接觸機會。不像現在，社交是全方位的，各種人都可以來往，對現代人來說，這恐怕也是一種壓力。我們看莊子的思想，有時候會覺得頗單純的，但是今天這個時代，單純不是也有可取的地方嗎？我們今天不就是因為生活的內容太多樣、接觸的範圍太複雜，以至於很多人受不了嗎？

莊子的思想有其單純之處，但不代表他不了解人情世故。事實上，莊子對人心的描寫是我所看到的文字中，寫得最豐富、最深刻的。他在〈列禦寇〉中說，人心險於山川，難於知天。人的心就像山川一樣危險。並且，要了解人心難於知天，也就是不可能了解一個人的心。人心變化莫測，早上想的是上海，晚上想的卻是巴黎了，且不要說早上、晚上，一剎那間都可以不同，現在想的是古代，馬上又想今天的事。換句話說，人心可以說是變幻莫測，放在人際關係中又構成多重的複雜性，以致到最後，簡直就不知道自己在想什麼。很多時候一個人會忽然覺得：這是我的意思嗎？話說出來，才覺得這不是我的意思，別人卻說你剛才明明說了什麼話。由此可見，莊子對人的了解確實讓人驚訝，我自己讀莊子很長一段時間了，常常覺得，他這個人生活那麼單純，對於人類社會複雜的現象、人心微妙的情況卻如此熟悉，真是一個奇蹟。

人群是由一個個難測的心所形成的一片森林，進去了很容易迷路。有這種想法的莊子，可能有人要問他是不是有一點自閉。根據西方的研究，許多成就偉大的人，都有某種程度的自閉症，譬如牛頓、愛因斯坦，他們在社交方面跟別人不太來往，只專注於自己的工作，因此對於有關莊子有無自閉症的問題，可以從這個角度來看。也就是說，他是某種天才，看到了某種限制，知道其他方面非他專長。我們也不必把莊子想成完美的人，他也許對於社交方面的活動不太熱衷。像他不願意出來做事，做過一段時間小公務員（曾為漆園吏）就辭職了，這裡也可以看出來他有他的限制。但是他至少沒有妨礙別人，他不會說：你們都錯了，只有我對。他曾經談到有關辯論方面的問題時說，我們找不到裁判，沒有人可以判斷別人。今天我們只能就我們所處的二十一世紀的社會，看看能從莊子那裡得到什麼啟發。我們探討如何跟別人相處時，在今天這個時代是複雜有餘而單純不足，如果從《莊子》裡面可以學到一些譬如「心齋」、「身如槁木」、「心如死灰」這些方面的觀點，我相信有一種平衡的作用。

而在《莊子》一書裡，我們也可以清楚地看到，莊子是有朋友的，其中一個有名字的朋友是惠施，另外一個朋友是沒有寫出名字的。關於這個沒有名字的朋友的那段故事很有意思，裡面有很多值得我們思考的地方。

〈山木〉篇記載，有一次莊子帶著學生上山遊玩，在山上看到一個人在伐木，而旁邊一棵很大的樹卻沒有被砍伐。他們都感到很奇怪，就問那個伐木人，這棵大樹怎麼不砍呢？伐木人回答說，這棵樹歪歪曲曲長得不好，沒有實用的價值。這棵樹因為無用就得到了保存。接著他們下山了，來到莊子的一個朋友家，朋友一看莊子帶了好幾個學生來很高興，就立刻吩咐殺一隻鵝招待朋友。僕人就問，一隻鵝會叫，一隻鵝不會叫，殺哪一隻？主人說，殺不會叫的那一隻，因為牠沒有用，不能看門。第二天，莊子的學生就問，老師，山上的樹木因為沒有用而得到保存，山下人家的鵝因為沒有用而被殺，我們該怎麼辨呢？活在人間真的是步步驚險。

莊子怎麼回答呢？莊子真是個天才，他說，我莊周就要處在有用、無用之間，該有用時我就有用，該無用時我就無用。這裡牽涉到一個判斷，我發現這些古代的天才都有這種能力。譬如，別人問孔子關於一些偉人的效仿，孔子回答說，我跟他們不一樣，無可無不可。就是說沒有一定要這樣做，也沒有一定要那樣做。我們千萬不要認為他們是滑頭，這不是滑頭，是一種活生生的智慧，知道昨天這樣做是對的，今天不一定，因為情況改變了，所以你隨時都要保持高度的警覺。莊子也是一樣，從他和朋友之間的友誼也可以看得出來，不然他的朋友怎麼可能殺鵝請他吃呢。所以，人如果變得單純些，可以活得更平安也更快樂。

◎可不可以這樣理解，如果人人都變得單純了，社會也就變得純淨了。不過，人還是需要互動來往，莊子也不拒絕交朋友。那麼，莊子在交朋友方面，能給我們一些什麼樣的意見？

莊子有一整套辦法，你看了之後會覺得訝異，這真的是莊子講的嗎？在莊子的書〈列禦寇〉裡面提到「九徵」，就是九種檢驗的方法，用來考察一個人是否可靠。我先把這九個字列出來：「忠」，忠心耿耿；「敬」，尊敬；「能」，能不能幹；「智」，智力夠不夠，反應如何；「信」，是不是守信用；「仁」，是否有仁德、愛心；「節」，能不能自我節制；「則」，能不能堅持原則，遵守法度；「色」，是否禁得起美色的引誘。

莊子的這些做法不僅可以用在朋友之間，像我是上級或我是長輩，那麼我如何去檢驗下屬或晚輩呢？這些方法也同樣適用。第一個——「忠」，「君子遠使之而觀其忠」，派遣他去遠方，觀察他是否忠心。因為一般人在你身邊很忠心，這是沒有問題的，到了遠方之後是不是還忠心？那就不一定了。這是第一點。

第二個是「近使之而觀其敬」，安排他在身邊，看他是否恭敬。也就是說，在身邊的時候，有時候會因為彼此熟悉之後，就沒大沒小了。一開始照規矩來，客客氣氣保持距離，一旦熟了以後，就變成什麼規矩都不管了。這是第二點。

第三個就是「煩使之而觀其能」，交代他繁重的事務，看他是否能幹。有時候要培養一個人才，就得給他很多事情做，通常他會抱怨：怎麼老是找我一個人啊？但是能者多勞，我就要看你能力達到什麼極限，然後下一次我才有機會給你升職。如果我沒有給你繁重的工作，就讓你升職，別人也會不服氣。這是第三點。

第四個就是「卒然問焉而觀其知」，要看他是否明智，就要突然問他問題。譬如我們看一些選美比賽，最後都有機智問答，這時你就知道誰聰明、誰不聰明了。也就是說，要臨時問別人問題，不要讓他有準備的機會，看他臨場的反應如何。

接著就是「急與之期而觀其信」，給他急迫的期限，看他是否守信。我現在與你約定一件事，是說在將來什麼時間你要做到；但是時間很急迫，譬如，我要求你明天就要把一個節目做好，然後立即播出，這實在太急迫了，如果這樣也能做到，代表你說話算話，言而有信。這也是一種檢驗的方法。

然後第六個就是「委之以財而觀其仁」，委託他錢財，觀察他是否行仁。看到錢財會不會起歹心，想要占有呢？如果他還能夠堅持做該做的事，走在正路上，代表他可以行仁。古代有一句話：「為富不仁，為仁不富。」這是《孟子・滕文公上》裡面引述的。如果你要發財，就不能做好事；如果你想做好事，就要花錢，無法把錢財積聚起來。仁和富二者不能兩全，只能選擇一個。

所以在這種時候，讓你管錢，看你是否能夠行仁。這是檢驗一個人的方法。

接下來的第七個是「告之以危而觀其節」，告訴他處境危險的狀況，看他是否能夠表現節操。節操就是堅持原則，到寧可殺身成仁的地步。有些人碰到處境危險的時候，就變節了，不能堅持原則。這是第七項。

第八個是我們常常見到的，就是「醉之以酒而觀其則」，讓他喝醉酒，看他是否守規矩。酒能亂性，很多人喝醉酒之後，就忘了自己姓什麼了，然後胡作非為。有些人平常表現還好，一喝醉酒就出問題。這時候你要看，如果他喝醉酒會出問題，將來讓他辦事或者到外面別人灌他酒，怎麼辦呢？

最後一點就是「色」了，「雜之以處而觀其色」，就是說，讓他男女雜處，觀察他是否端正。看他是不是像柳下惠那麼鎮定，可以坐懷不亂。當然，這是一個很大的挑戰。

我們選擇和自己交往的人，同時也要讓別人願意和我們相處，亦即我們自己也要禁得起「九徵」的檢驗，不能說我來檢驗別人，別人不要管我，這不行。跟別人相處，你沒有辦法一個一個去考慮說，我怎麼樣投其所好。這是不可能的。莊子強調，要努力做到真誠，我表現在外的一切，都是出於內心裡面真正的情感。在特殊處境中，最容易看出一個人的情感，譬如，你在傷心、在快樂的時候，表現情緒的方式是什麼，表現到什麼程度，等等。我們平常談論儒家和道家，有一個簡單的區分法，各用兩個字形容，儒家叫做真誠，道家叫做真實。但是真實包含真誠在內，真誠是人的真實，真實還包括其他萬物。莊子也強調真誠，它跟儒家的真誠有相通的地方。儒家認為，真誠才能夠讓一個人引發內在力量，主動去做該做的事。道家講真誠，則是有感而發，絕不說任何一句刻意討好別人的話；我跟別人來往的時候，情之所至，自然表現出來，以這樣的方式來互動。

◎現在社會上有很多假惺惺、虛偽、做作的人，裝得太厲害，痕跡太多，這樣是否反倒交不到真正的朋友？以及，另外一種，恰好相反的，叫做性情中人。現在社會表面上推崇性情中人，說性情中人好，但實際上做一個性情中人，往往是會碰壁的，關於這一點莊子怎麼看？

《莊子・漁夫》說到一個故事，孔子帶一批學生出外遊歷，見到一位老漁夫。老漁夫講了一段話，孔子非常佩服他。這個漁夫講的就是，你要用真誠的情感，表現你內在的情緒。真正生氣時，要不怒而威，不要大吼大叫，讓別人知道你現在生氣了；真正悲哀時，不用哭得很大聲，悲哀的感情自然表現出來。莊子在這方面的描述讓我們感覺到：人活在世界上，不管喜怒哀樂，只要真誠，順著人性自然的傾向去走，表現出來之後，對於自己的心身都有幫助，不用扭曲它，不用壓抑它。但是在後來有些人學莊子學偏了，我們常常舉的例子是誰呢？在魏晉時代有一個名人，叫做阮籍。

阮籍是竹林七賢之首，他學莊子的思想，總覺得自己不要受名教、禮法的束縛，要設法做自己，做真誠的人。如何真誠呢？他在母親過世的時候，不好好守喪，照樣吃肉，照樣喝酒，這些都違背禮的規定。他大概認為想吃就吃，想喝就喝，就是真實的人性。但是等到母親出殯那一天，他一哭就吐血，說明他心裡其實很哀傷，但是他就是不願意遵守社會的外在規範，他的哀傷卻是真正的。還說明什麼呢？他的做法太勉強了，最好想哭就哭，不要以為哭是照規矩的要求。另外一個竹林七賢的人物劉伶更誇張、更有趣了，夏天太熱，他在家裡常常一絲不掛。朋友去他家拜訪，一見這個樣子就責怪他：你也算讀書人啊，在家裡面怎麼不穿衣服？劉伶回說：天地就是我的家，我的房子是我的內褲，你鑽進我的內褲，還怪我沒穿衣服。像這樣算是學莊子，莊子若是地下有知，也會覺得莫名其妙。

這一類人一般被稱為性情中人，但如果是莊子，會有另外一種做法。我可以做性情中人，但是我要避免驚世駭俗。如果讓別人側目，每個人看著我，眼神都怪怪的，那我想過自然的生活也過不了。也就是說，別人把我當作某種特殊的人物來對待，這樣就不合乎自然狀態。你可以做性情中人，但是不要引起別人的側目，不要讓別人注意到你特別不同，就像老子說的聖人「被褐懷玉」，外面穿著粗糙的衣服，懷裡揣著美玉；如果你的美玉抱在手上，馬上會被人搶走。因此，外表「和光同塵」，緩和光芒，混同塵垢，跟別人沒什麼兩樣，這樣才能夠讓自己的生命維持長久而平安。

像「東床快婿」的故事就是如此。東晉時，郗鑒與王導都是當時的朝廷大官，有一次，郗太傅想要到王丞相家挑選一位女婿，派專人送一封信說明來意。王導對使者說，你到東廂房去，有幾位子侄隨便你挑。結果這位使者回去以後就稟告郗鑒說，王家的幾位公子都是可取之才，他們聽說您派人來選女婿，個個都表現得莊重沉穩，只有一個人，袒露著肚子躺在東床之上，好像沒聽過這事兒。結果郗鑒就說，就選這個人。這個人就是王羲之，他當時躺在東床上，袒著肚子，不在乎選婿這回事，可謂表現了真性情。王羲之這種做法，證明他讀過《莊子》，並且郗鑒也讀過《莊子》，才會欣賞他。

《莊子．田子方》裡面也有一則類似的故事，原文是：宋元君將畫圖。眾史皆至，受揖而立；舐筆和墨，在外者半。有一史後至者，儃儃然不趨，受揖不立，因之舍。公使人視之，則解衣般礴臝。君曰：「可矣，是真畫者也。」意思是說，宋元君想要畫一個圖樣，就昭告天下的畫師，所有畫師都來了，行禮作揖之後站在一旁，調理筆墨，等待吩咐。最後來了一個畫師，行禮之後就直接跑進畫室了。宋元君說，怎麼我沒有叫他去，他就自己去了，去看看這個人在幹什麼。到畫室裡面一看，這個人把上衣脫了，露出肚子，就開始準備畫畫了。宋元君說，這才是真正的畫師。因為他心裡沒有想到誰是國君，給國君畫畫的待遇如何，要怎麼樣畫得漂亮一點；他只是想到：我是畫師，我做我的事情，盡我的本分。這才是藝術家。像《莊子》裡面的這種故事，影響了後代很多人。郗鑒選擇王羲之為女婿，就是參考莊子的故事。因為王羲之有真性情，不屑於偽裝，女兒嫁給他，至少不會受苦受難。

但是在現實生活中，做一個性情中人，往往是會碰壁的。莊子會建議，你的性情盡量表現在自己個人的生活領域。今天這個社會，強調區分「公領域」和「私領域」，公領域就是我上班、上課，跟別人來往，在社會上互動，這是公領域；處在公領域時，一定要遵照大家的方式來做。私領域就是下班之後、放假時，在自己家裡，我做什麼事、跟什麼人來往，我完全可以自己選擇。我們建議現代人學莊子，不能全盤搬過來，全盤搬過來的話，窒礙難行。作為性情中人比較直爽、真誠，也比較快樂，那麼就設法盡量在個人生活領域中減少干擾；至於上班或者工作上其他方面的來往，就盡量遵照大家可以接受的方式來互動。這樣一來，大家有一個界限，彼此和睦相處。總之，人和人相處，首先不要引起別人的側目或非議，這樣才能夠平平安安、快快樂樂地過日子。

◎關於與人相處之道，在莊子給我們的建議中，最關鍵的是什麼？

第一是尊重個性，因為傳統以來，我們都受儒家的影響，把個人的個性放在群性互動的網絡裡面，以至於經常考慮自己是扮演什麼角色的，而忽略了自己是一個人，我的個性是我自己可以負責的部分。第二是人人平等，莊子不願意評論別人的優劣，他也不喜歡別人評論他，而且不但是人人平等，人跟萬物也可以從這種平等的眼光來看。所以，你可以欣賞每一個人，也可以欣賞每一樣東西。在人跟人相處方面，這兩點至少可以參考。接著是要區分，哪些是我跟別人共同享有的公領域，在這方面大家互相尊重，按照規則來，避免引起複雜糾紛；而在我個人生活的私領域方面，不妨順其自然，過得自在一點。

延伸閱讀

1.《莊子・列禦寇》

孔子曰：「凡人心險於山川，難於知天。

天猶有春秋冬夏旦暮之期，人者厚貌深情。

故有貌愿而益，有長若不肖，有順懁而達，有堅而縵，有緩而釬。

故其就義若渴者，其去義若熱。

故君子遠使之而觀其忠，近使之而觀其敬，

煩使之而觀其能，卒然問焉而觀其知，

急與之期而觀其信，委之以財而觀其仁，

告之以危而觀其節，醉之以酒而觀其則，雜之以處而觀其色。九徵至，賢不肖人得矣。

2.《莊子・漁父》

孔子愀然曰：「請問何謂真？」
客曰：「真者，精誠之至也。不精不誠，不能動人。故強哭者雖悲不哀，強怒者雖嚴不威，強親者雖笑不和。真悲無聲而哀，真怒未發而威，真親未笑而和。真在內者，神動於外，是所以貴真也。」

第六講

與自己和諧

- 以哲學研究的角度來看，憂鬱症的癥結何在？莊子筆下人物或莊子本人有沒有憂鬱症呢？
- 在莊子歸納的人的情緒中，哪些容易造成憂鬱症？如何避免這些情緒產生太糟糕的後果？
- 人很難一直超越自我或他人，當停在一點沒有前進時，如何讓心感到滿足？
- 莊子會給憂鬱症開什麼藥方？

《紅樓夢》是大家非常熟悉的古典名著，曹雪芹筆下的林黛玉終日情緒低落，憂愁傷感，皺眉嘆氣，動不動就淚濕衣襟，如果按照現代醫學診斷的話，她應該是典型的憂鬱症。現代社會越來越多人患有憂鬱症，經濟越發達，工作節奏越快的地方，憂鬱症的患者就越多。有一份調查顯示的結果非常可怕，說在都市人群當中，有近五分之一的人有憂鬱或者是焦慮障礙，而眾多名人都紛紛宣稱自己患有憂鬱症，精神抑鬱似乎已經成為了流行病，這該怎麼辦呢？

◎以哲學研究者的角度來看，憂鬱症的癥結是什麼？莊子那個時代，有沒有人得憂鬱症呢？在莊子筆下有沒有這樣的人？

這確實是現代人的困擾，我記得世界衛生組織在剛剛進入二十一世紀的時候，曾經公開警告說：二十一世紀，自殺將會成為第三大死因，而造成自殺最主要的原因就是憂鬱症。根據許多專家的分析，我大概歸納了一下，用五個詞

——無心、無情、無我、無人、無根，來說明現代人的處境。現在的社會，變化太多也太快，可謂是劇烈地震盪著。「無心」是說沒有內在的心靈，沒有內在的世界，一切都是外化。「無情」是人與人之間的感情淡薄了，平時難得一見，也無法深入交往。「無人」，就是跟別人來往的時候，習慣把別人當成工具了；「無我」，就是把自己也當作工具了，已經弄不清楚，我是一個身分角色，還是一個真實的自我。最後的癥結在於「無根」，「根」就是根源，一個人上不在天，下不在田，中不在人，這是《易經．文言傳》的話。就是說一個人，上面跟天——根源脫節了，什麼祖先、信仰都放在一邊了；下不在田，跟自然界脫節了；中不在人，在人群、社會中跟別人也變成陌生人。所以，現代人這樣的處境特別艱難，這五個「無」可以說是現代人憂鬱症的原因所在。

至於在莊子那個時代，有沒有人得憂鬱症？據我所了解，如果有的話，應該是少數個案。古代社會相對來說，不像現在如此普遍存在憂鬱或焦慮的問題，少數的個案都有明確的理由，通常是在情感上受到困擾、阻礙，一時想不開，就不願意繼續活下去了。通常把這種現象當作「發現生命無意義，覺得活著跟死了沒有什麼差別」，和憂鬱症帶來的後果是相似的。

莊子筆下有一些這樣的人，我簡單介紹一下，可以作為參考。譬如在〈說劍〉篇說，有一個趙文王，喜歡培養劍客來比武試劍，後來他不再喜歡看劍客比試了，造成很多劍客自殺，為什麼？因為這些劍客一輩子只做一件事——練劍，練劍之後希望有人賞識，好讓他可以發揮抱負，成就功名，但最後發現沒有人理他，只好自殺了。這等於是一個人一輩子的理想幻滅了。第二種自殺的例子，更令人惋惜，在〈讓王〉篇說，堯、舜、禹當了國君之後，想把位置讓給自己的好朋友。這些莊子筆下的國君，得到天下之後，覺得有人比自己更優秀，就想把天下讓給這個人。這一讓就糟糕了，凡是被讓的人都覺得很可恥：你以為我喜歡你的王位嗎，你把我當什麼人呢？既然讓你有這樣的印象，我活著幹什麼呢？就一個個自殺，死了好幾個。當然，這是莊子筆下的寓言故事。

第三種，〈外物〉篇說，演門這個地方有一個孝子，父母過世之後哭得很傷心，形銷骨立。官府就上報國君說，這個人真孝順。國君立即讓他當官。這一當官就糟糕了，同鄉很多人起來效仿，個個都拼命守孝，形銷骨立，結果死了很多人。最後一種是最遺憾的。在〈列禦寇〉篇說，有一個鄭國人名叫緩，學儒家學得不錯，回家鄉做官，造福鄉里，真是值得稱讚。但是他有一個弟弟，去學墨家，學了墨家之後回來跟哥哥辯論。弟弟是墨家，哥哥是儒家，兩個吵不完。父親支持弟弟，做哥哥的可能有一點鬱悶。因為父子情、兄弟情同時幻滅，做兒子、做哥哥都沒有意思了，只好自殺。《莊子》書裡面的幾種自殺的類型，第四種比較接近憂鬱症的想法。

◎像莊子這樣的人，會不會得憂鬱症？他會去了解那些有憂鬱症傾向的人的感受嗎？

莊子顯然不會得憂鬱症。因為憂鬱症患者，第一，他無法接受自己，就是不喜歡自己現在的情況。第二，他的情緒沒有出口，一有情緒就形成困擾，沒有辦法化解。第三，缺乏支持團體。現在社會上，一講到憂鬱症，就很強調支持團體，就是說，有沒有親情、友情、愛情來支持你，如果有，憂鬱症比較容易化解。以莊子來說的話，他對自己了解得非常透徹，他懂得化解情緒，與大自然為友，到處都可以逍遙自在，萬物都是他的支持團體，他很容易自得其樂。所以我們沒有理由去猜測莊子會得憂鬱症。

至於像莊子這樣一個逍遙的人，會不會去了解那些有憂鬱症傾向的人的感受？據我所知，莊子是沒有事情不了解的，尤其是與人有關的一切。《莊子》裡面就提到，人的情緒有十二種變化，一般人講情緒，通常是喜、怒、哀、樂，頂多加上愛、惡、欲，有這七種就了不起了。但莊子在〈齊物論〉中一說就是十二種，前面四種是欣喜、憤怒、悲哀、快樂（喜、怒、哀、樂）；接著是憂慮、嘆息、反覆、恐懼（慮、嘆、變、慹）；最後四種是「姚」、

「佚」、「啟」、「態」，用白話來說，就是輕浮、放縱、張狂、作態。「喜怒哀樂、慮嘆變慹、姚佚啟態」這十二個字，完全說明了人的情緒變化。我還沒有見過比他講得更清楚的。

◎**那麼，在眾多情緒當中，哪幾種情緒最可能導致憂鬱症呢？這幾種情緒，在現實生活中，該怎麼樣去化解呢？如何才能讓自己盡量不要深陷負面情緒中，出現很糟糕的情況？**

我想，憂慮、嘆息、反覆、恐懼是最可能導致憂鬱症的。憂慮、恐懼我們都知道，譬如擔心考試考不好，害怕生意做不成。嘆息就是唉聲嘆氣，然後是反反覆覆。憂鬱症的人很可憐，就因為他這樣做也覺得不對，那樣做也覺得不好。最後就是恐懼了，活著毫無快樂可言。

我們把剛才說的十二種情緒反應帶到實際的生活情況中，就會知道，莊子真是了解一般人的痛苦。他還說，人們睡覺的時候，心思紛擾；醒來的時候，形體不安，與外界事物糾纏不清，跟其他的人勾心鬥角。這就造成各種人生的複雜情況，久而久之成了憂鬱症。憂鬱意味著壓抑，讓一個人感覺到活著實在是毫無樂趣，也毫無奮鬥的目標與理想，所有的心情被壓制下來，日子變得重複而乏味，每天都差不多，到後來整個生命就陷入憂鬱症了。

很多成功者，也有他們的憂鬱。表面上看來他是成功的，因為他達到比我們更高的成就。我舉個例子，我在荷蘭萊頓大學教書的那一年，有位教授到萊頓訪問，我們一起參觀梵谷美術館。美術館裡都是真跡，一百多幅。一個下午看完之後，這位教授問了我一個問題：為什麼梵谷在他的作品畫完之後，說他那一刻才知道自己陷入失望的深淵？很多藝術家、作家達到某種成就之後，就會發現四個字——江郎才盡，他不能再超越自己。現代社會上有成就的人也差不多，他達到某種成就之後，一覺醒來發現，自己也就是那個成就，僅止於此。如果是第一次達到那個成就，會很興奮啊，過了兩、三年之後，他對自己都覺得受不了：我還是一樣，我已經達到極限了吧。所以很多著名的作家，像美國的海明威、日本的川端康成都自殺了，太可惜了。

要怎樣才能避免這些情緒演變成很糟糕的狀況呢？在〈德充符〉篇有一段莊子與惠施的辯論可以說明。惠施是一個說話高手，有一次莊子說，人應該無情。惠施說，人怎麼可能沒有人的情感呢？莊子就對惠施說，我講的不是一個人完全麻木，沒有任何情感，而是說，你可以有情感，但是要記得不要讓情感內傷其身。不要讓你自己的情感與情緒，傷害了自己。

這一點其實也很符合儒家的想法。也就是說，喜怒哀樂要發而皆中節。所以孔子提到《詩經・關雎》時說「樂而不淫，哀而不傷」，講得真好。快樂但不要過度，悲哀但不要到傷痛的地步。不要一悲哀就傷到內心了。在《莊子》裡面說，人的無情並不是真的沒有情感，而是恰到好處。不管怎麼樣都不會傷害到自己內在的生命，這樣一來，我跟別人來往，喜怒哀樂都不會影響到我內在的生命。

◎人很難一直不斷地超越下去，超越自我、超越別人，但在某個階段到達一個暫時的頂點，沒有了超越的興奮感後，難道心就無法再感覺到滿足，而必須永遠這樣嗎？

大多數人所謂的達到高點，都是跟別人比較之後的高點。假如我是作家，拿到諾貝爾文學獎，我還跟誰比啊？能跟我比的人大部分都不在了。所以這個時候，你就要把那個比較的標準，從外在拉到內在。譬如，我捫心自問，我除了身、心之外，我內心還有什麼樣的潛能沒有發揮？莊子為什麼多次強調，也是我們一直在說的，在身、心修煉之後，要出現「精神」？在《莊子・天下》中有一段描寫，那顯然是後學的手筆，說莊子這個人最大的特色是「上與造物者遊，而下與外死生無終始者為友」。換句話說，莊子跟誰做朋友？跟造物者做朋友，造物者就是道，因為萬物來自道。那往下，跟什麼人做朋友？

六個字：外死生，無終始。「外」就是超越，跟我做朋友的人都是超越生死觀念的，沒有開始也沒有結束的人，這樣的人對於人間所謂名利權位的價值觀完全化解。如果我們能像莊子那樣掌握到這一點，即從整體來看，像我剛剛所說的，社會上各種有成就的人，他往往在本行裡面達到巔峰了，如果他不能轉向，不能夠轉到身、心之上——一個不同的境界，那麼就會有危險。

◎莊子對人們的情緒那麼了解，他也有他自己的很多體會，如果請教他，他會給憂鬱症開什麼藥方？

這是非常具體的問題。我現在就把道家的思想，連老莊一起，拿來給現代人提供一些建議。有一群日本醫生，他們研究老子、莊子，發現兩個字，可以拿來治療憂鬱症，居然很有效果。

就是「無為」。

無為有兩個意思，一是「無所作為」，譬如我在上班的時候，坐在位子上發呆，老板問我，你在幹什麼？我回答說，我在無為啊。那結果肯定是被解雇回家。所以老莊的無為不是這個意思。另一個是指「無心而為」，注意「心」這個字，「心」字代表刻意的目的。你做任何事，該做就做，譬如，主持節目的時候，如果你覺得這一集「一定」要做得比上一集好，這樣一想的話，壓力全部來了，最後就會陷入困境。這種「無為」療法在日本發展開來，叫做森田療法，開始就是從我們的道家引申出來的。

這群醫生怎麼做呢？譬如很多人到醫院探訪憂鬱症的患者，醫生就同他們講好，到病房去，絕對不能夠亂講話，連「你好嗎」都不能說；因為憂鬱症患者不能夠忍受任何帶有目的性的問題。正常人講話一定帶有目的性，譬如：「好久不見，你好嗎？」是希望我好，但我如果是憂鬱症患者，就會感覺壓力，但我就是不能承受壓力。所以醫生就同這些探病者講好，進到病房之後，帶著自己要看的書報雜誌，看到病患說一聲「哈囉」，坐下來，三個小時別講話。病人不問你問題，你絕對不要主動說任何話。為什麼？我們一般人進到憂鬱症朋友的房間，第一句話一定說「有沒有好一點啊？」病人肯定會想：當然沒有，好一點的話，我還會躺在這裡嗎？第二句話是「不要想這麼多啊！」而病人偏偏就是「我就是會想這麼多」。第三句話是「你看開一點嘛！」病人心想：「我就是看不開。」你這麼一連串問下來，只能加重病人的病情。他好不容易休養了幾天，恢復了一點，到了週末，家人、親戚、朋友，都跑去給他加重病情，所以憂鬱症患者很少有健康出院的。

到了病房之後，坐下來三個小時不要講話。病人會覺得，你在的時候跟你不在的時候一樣。於是他開始慢慢解除「武裝」，不那麼緊張了。如果每個人都這樣的話，幾個月下來之後，病人會覺得，你們在的時候跟你們不在的時候一樣，你們不在的時候跟你們在的時候也一樣。到最後他發現，他可以重新適應人群。大概半年下來之後，很多人真的好了，為什麼？他重新恢復了跟人群相處的能力。所以對於憂鬱症，你很難說「我要把你從不好變成好」，但至少可以「讓你不要再繼續惡化」。屬於人的問題都有一個原則：不變壞就是好。

我們平常人，所謂自認為比較正常的人，每天見面說的話都帶有一個目的，譬如昨天談話有什麼效果，今天做這件事有什麼成績表現。憂鬱症的患者正好相反，如果親戚朋友有人患憂鬱症，跟他在一起的時候，就不要給他任何壓力，就坐在那裡陪他一個下午，一句話不講，這是最好的方法。如果設想各種辦法，如聽聽音樂，看看電影，你所有的建議都是叫他去做什麼事，但是做什麼事是有心而為，一有心而為，憂鬱症就不可能改善了。

至於要說《莊子》一書實際上能帶給憂鬱症患者什麼幫助的話，我相信把《莊子》裡面很多有趣的故事收集起來，然後讓憂鬱症病人自己去看，他就會覺得很有趣，好像人生沒有必要那麼緊張。因為緊張來自設定的目的，有目的就有壓力與緊張。去掉緊張的心，就會覺得，為什麼人生不過得從容一點呢？像莊子〈大宗師〉篇中說，如果我今天生了病，我的左手變成一隻雞，我就拿牠來報曉。天亮的時候，雞啼了叫我起床；右手變成一顆彈丸，就拿它來射鳥，射下鳥之後，再烤來吃。所以我的身體怎樣變化都不要擔心，那身體外在的各種考試、讀書、升學、就業，甚至談戀愛、交朋友這些，各種困難都可以化解。連身體本身的變化都可以看得開，何況其他的一切呢？

但直接送憂鬱症患者一本《莊子》，可能有人會擔心是不是看得懂，這就有壓力了。所以我建議專門挑幾個寓言故事。我舉個例子，在《莊子．徐無鬼》裡面有一個故事說，黃帝要去具茨山拜見大隗，於是帶著六個重要的部下，一起號稱七聖的，前往具茨山，結果迷路了。迷路了怎麼辦呢？看到一個牧馬童子，黃帝就問他，你知不知道具茨山在什麼地方，大隗在哪裡？結果小孩說他知道。黃帝聽了嚇一跳，我們七個大人都不知道，你一個小朋友怎麼知道。黃帝就向他請教怎麼治理天下，因為黃帝要負責治理天下。小朋友一開始不太願意理他，再三問他，他就說，我是牧馬的小孩子，我只知道，那一匹馬不喜歡什麼，你就避開，把馬不喜歡的東西都去掉；既然要養馬，就讓馬好好地過馬的生活，不要想把牠變成千里馬什麼的。把這種所謂外在的枷鎖、束縛都設法放在一邊，自然就可以把馬牧好。治理天下也是一樣，你一旦有各種枷鎖、要求，天下人都受不了。從這個故事可以看得出來，任何一個人都屬於莊子筆下所謂的馬。在這個時候你就要問：我的枷鎖何在？其實我們應該定期反省，至少是每週一次，想一想：這個星期發生了哪些事？我的情緒有什麼樣的困擾？情緒有沒有獲得疏解？我們前面提過，首先一定要跟自己做朋友，對自己很熟悉，不要讓自己陷入不可抗拒的情況，或者在毫無希望的情況下競爭；其次，情緒一定要有出口，要作定期調節。莊子那個時代當然不像我們這麼方便，買一片CD，就有很好的音樂可以聽，但是莊子所聽的是自然界的音樂，即是所謂的地籟。他還可以往上提升到天籟。

他聽的是天籟。他如何說明天籟的道理呢？他說，有三種籟：人籟、地籟、天籟。籟就是像竹管一樣中空的樂器。人所發出的聲音都有壓力，為什麼？譬如你喜歡聽某某人唱的歌，如果叫你一天聽一百遍，你也受不了。畢竟人所發出的聲音，像唱歌或說話，都是有目的的，為了聽清楚別人發聲的含意，就造成了壓力，所以莊子說「人籟」不好。「地籟」就是自然界的聲音，譬如海邊的濤聲、竹林裡風吹過的嘯聲，這些聲音是自然界發出來的，它沒有告訴你任何含意，也沒有特定的目的，所以給你的壓力很輕。什麼是「天籟」呢？天籟就是不要用耳朵聽，用心去聽，甚至不要用心去聽，要用氣去聽。這段理解是〈人間世〉所描寫的「心齋」。關於天籟的解釋，我舉一個最簡單的例子，假設我走在路邊，一輛車子急剎車，剎車的聲音太刺耳了。如果是莊子的話，就會說這是天籟。為什麼？別人用耳朵聽，覺得刺耳。如果是心在聽，就會知道是這車開得太快所造成的。由此看來，天籟就是當各種條件成熟的時候，任何聲音的出現都有使它出現的條件，這些條件存在，就一定會有這樣的聲音出現，因此我們對於所有的聲音都不要有主觀上的喜怒哀樂等情緒的反應，既然它是以聲音的形式出現，就代表它非出現不可。這樣一來，你就慢慢體會到，在你周圍、你身上所發生的一切都是理當如此。

接受必然要出現的聲音，就是天籟。如果我們能把身邊嘈雜的聲音當作天籟的話，它帶給我們的也許不再是煩躁感受，而是一種欣喜或一種享受。如果有這樣的體悟，人還會有什麼煩惱呢？人生很多的煩惱都是自找的，所謂「天下本無事，庸人自擾之」。所以在我們走向憂鬱的過程當中，總是跟別人過不去，天天想要比誰好、比誰好，還有最重要的一點，就是跟自己過不去。我們有一句話說：「善待自己，對自己好一點。」在《EQ》（情緒智商）這本書裡，提到五種情緒調節的方法，善待自己就是其中一種。我且把它講得完整一點。當你出現情緒困擾的時候，怎麼做呢？第一，運動。因為運動要勞動出汗，心思放在運動的技巧上，暫時忘記了情緒的煩惱。但是運動的時候忘記，一運動完說不定又回來了，所以還需要別的方法。第二個方法就是善待自己。美國曾做過一項調查說，小孩子的願望兩個可以滿足一個，大人的願望十個才能滿足一個。小孩子要什麼，大人總要想辦法讓他兩個滿足一個，不然小孩心理上恐怕有創傷了，覺得父母不愛我了。而大人的願望，十個滿足一個，就算不錯了。這個時候怎麼辦呢？善待自己，想吃巧克力，吃吧，這一吃，心情就變好了。第三種方法，改變觀念。秘訣就是八個字：比上不足、比下有餘。我有一個朋友，被別人騙了一百萬台幣，每天抱怨，見人就罵某某人騙他錢。有一天他不罵了，我就問他，怎麼今天沒有聽你罵那個人呢？他說，因為昨天才知道，另外一個人被他騙了兩百萬。別人被騙兩百萬，我才被騙一百萬，這一想之後心情開朗了，這是第三種。但我們也不能總是幸災樂禍。第四種就是幫助別人。我心情不好時，還能幫助別人嗎？現在流行擔任志工或義工，我經常看到很多退休的老人家，在醫院裡，穿上一件夾克，上面寫著「志工」，我看了很感動，他們自己本身可能也有病，還需要別人的幫忙，但是一旦成為志工之後，感覺自己還有能力幫助別人，心情自然比較正向。這符合老子的說法，「既以與人己愈多」，能夠給別人更多的，自己內在也變得愈多。第五種方法，那是不得已的辦法了——信仰宗教。信仰宗教等於是身心找到歸宿，這樣一來，就沒有什麼煩惱了。我們看到很多人信仰宗教之後，確實比較容易化解情緒上的困擾。

◎有個說法是，人要盡力而為，要量力而行。違背這兩條的人，會不會比較容易成為憂鬱症的患者？

有可能。因為這兩點，盡力或者量力，都有一個前提，要先了解自己的實力。你一定要能夠清楚分辨，自己現在具備什麼樣的力量、什麼樣的能力，你要做的事情到底有什麼樣的要求，你能達到嗎？所以平常我會勸年輕的朋友，如果發現自己不能夠實現目標，那只有兩個辦法，第一是降低目標，第二是增強自己的實力，好好去學習某種專長，多學一些現代生活所需要的技藝。至於降低目標，你不必擔心，降低目標是為了讓你慢慢累積成功的信心。因為目標低，你可以達成，達成的話，久而久之會覺得自己可以做得更好，對自己越來越有信心。關於憂鬱症，我覺得有一些哲學家的話也可以參考，譬如笛卡兒，他是近代哲學之父，他說自己這一生的座右銘很簡單，就是「不要讓我的欲望超過我的能力範圍」。

如果你的欲望超過能力範圍，那當然是心想事不成；如果欲望是在能力範圍之內，你想做任何事都可以完成。畢竟生命一方面有它的限制，另一方面有它所需要的滿足感與成就感。

延伸閱讀

1.《莊子・齊物論》

大知閑閑，小知閒閒；大言炎炎，小言詹詹。其寐也魂交，其覺也形開，與接為構，日以心鬬。縵者，窖者，密者。小恐惴惴，大恐縵縵。其發若機栝，其司是非之謂也；其留如詛盟，其守勝之謂也；其殺如秋冬，以言其日消也；其溺之所為之，不可使復之也；其厭也如緘，以言其老洫也；近死之心，莫使復陽也。喜怒哀樂，慮嘆變慹，姚佚啟態；樂出虛，蒸成菌。

日夜相代乎前，而莫知其所萌。已乎已乎！旦暮得此，其所由以生乎！

2.《莊子・大宗師》

子祀、子輿、子犁、子來四人相與語曰：「孰能以無為首，以生為脊，以死為尻；孰知死生存亡之一體者，吾與之友矣。」四人相視而笑，莫逆於心，遂相與為友。俄而子輿有病，子祀往問之。曰：「偉哉！夫造物者，將以子為此拘拘也！」曲僂發背，上有五管，頤隱於齊，肩高於頂，句贅指天。陰陽之氣有沴，其心閒而無事，跰躃而鑑於井，曰：

「嗟乎！夫造物者，又將以予為此拘拘也！」子祀曰：「汝惡之乎？」曰：「亡，予何惡！浸假而化予之左臂以為雞，予因以求時夜；浸假而化予之右臂以為彈，予因以求鴞炙；浸假而化予之尻以為輪，以神為馬，予因以乘之，豈更駕哉！且夫得者時也，失者順也，安時而處順，哀樂不能入也。此古之所謂縣解也，而不能自解者，物有結之。且夫物不勝天久矣，吾又何惡焉？」俄而子來有病，喘喘然將死，其妻子環而泣之。子犁往問之曰：「叱！避！無怛化！」倚其戶與之語曰：「偉哉造物！又將奚以汝為？將奚以汝適？以汝為鼠肝乎？以汝為蟲臂乎？」子來曰：「父母於子，東西南北，唯命之從。陰陽於人，不翅於父母，彼近吾死而我不聽，我則悍矣，彼何罪焉！夫大塊載我以形，勞我以生，佚我以老，息我以死。故善吾生者，乃所以善吾死也。今之大冶鑄金，金踊躍曰：『我且必為鏌鋣』，大冶必以為不祥之金。今一犯人之形，而曰『人耳，人耳』，夫造化者必以為不祥之人。今一以天地為大鑪，以造化為大冶，惡乎往而不可哉！」成然寐，蘧然覺。

第七講

與自然和諧

- 人們在建設、發展的過程中，常會說「人定勝天」，莊子怎麼看待這句話？
- 人類的欲望不斷擴張、不斷追求文明進步，但在追求過程中卻忽略了節制，直到現在，想回過頭去談天人合一、人與自然的和諧相處，是不是越來越困難了？
- 現代很多人會以住到郊區、出去旅遊的方式親近大自然，這符不符合莊子的想法？
- 人們到底應該如何看待大自然？

世界上許多國家的超市、商場已不再免費提供塑膠袋，這樣的政策有很多人表示支持，認為早就應該這樣做了。但是還是有不少人表示反對，主要理由就是覺得不方便。的確，科技的發展就是為了讓人們的生活越來越舒適、方便。現在居家有空調、冰箱，四季盡在掌握之中；出門有汽車、飛機，千里之外數時即至。但是，這種舒適、方便的代價是什麼呢？空調、冰箱，還有汽車，都是嚴重的污染源，大自然正在遭受嚴重的破壞，以至於我們不得不反思多少年來人類對待自然的態度問題。那麼人和自然究竟應該是怎樣的關係，怎樣才能達到人與自然的和諧相處呢？

◎為什麼明明知道取消免費塑膠袋之後，人們會覺得不方便，但還是要制定這種規定？人們究竟意識到了什麼？

以前我有一個學生，他說要終身從事環保運動。我問他為什麼，他說因為他的祖母過世以後，隔了十四年，開棺撿骨，發現祖母都已經變成骨灰了，但腳上的尼龍絲襪還好好的，可以再穿。他一看，糟糕，這個污染不得了，一個人過世十幾年，身體腐化了，那襪子還好好的。所以他說終身要從事環保運動。實際上這種意識，是因為我們只有一個地球，而地球的負荷已經過重了，如果我們今天不趕快努力，將來子孫恐怕就無法像我們這麼幸運了。

◎很多化學合成產品，沒有辦法融入到地球本身的自我循環當中。過去人們不太重視這個問題，因為我們做建設、求發展，經常講一句話，叫「人定勝天」，認為自然是可以被征服的，這種觀點如何？莊子怎麼看「人定勝天」？

從文明的發展來看，人定勝天有其必要性。因為人在自然界裡面，缺少各種生物所具有的能力。譬如，沒有馬跑得快，力氣沒有牛來得大。如果不靠發展科技文明的話，人類根本就很難生存。科技發展之後，對於自然界基本上可以掌控了。這方面來說，確實是人定勝天。但是另一方面，「天」代表整個自然界，自然界會反撲，到一個時候你就會發現，自然界受不了了。其實這種情況在古代已經出現過，世界各民族的神話，開始一定描寫神明創造世界，第二步，創造世界之後造出了人；然後第三步一定是災難，很少有例外的。有世界，有人類，然後是洪水。幾乎每一個民族的神話都有洪水的故事，這說明什麼？說明人類出現之後，就會設法使用理智去調節或者控制其生存的自然環境，以至於嚴重地破壞自然的生態。在古代，洪水來了之後，人類可以避開，住到山上去，後來人口越來越多，洪水就需要治理了，所以中國古代有「大禹治水」的故事。人類後來發展出來的人定勝天，是在小規模上、小的範圍裡面，譬如把這塊荒地變成可以耕種的良田，把本來是沙漠的變成樹林，但是整體看起來，不要忘記，人還是屬於自然界，在《莊子》裡面有一句話：所有萬物的一切都屬於自然。

在莊子看來，人是不可能勝天的。首先，我們生下來有這個身體，有其基本的能力與欲望，這也是屬於天的。天代表自然界，凡是與生俱來的，自然而然有的，統統屬於天，天是一個範圍很廣的概念，如果要說人定勝天，等於是人的理智開始思考，如何對自然界加以改造，那也就是改造我們自己。所以我們可以這樣說，真要學習莊子的話，有些體育競技活動恐怕就有問題了。你訓練自己某一方面的專長，在全世界可以說排第一，跑得快、跳得高，訓練到最後，恐怕身體會造成一些傷害，那就不自然了。

我們今天談莊子，不是要反對這些運動比賽。比賽自有它的意義，強調的是各個民族或人群相互了解，互相切磋。莊子認為，人與天最好是能夠和諧。他比喻說，牛和馬有四隻腳，這叫做「天」；你給馬套馬鞍，給牛穿鼻孔，叫做「人」。他用最簡單的方式來說明，人有智慧，可以改造自然，一旦改造自然，就是我們前面所說的，好像人定勝天了，但事實上對自然來說是一種傷害，將來人類本身也會受不了的。所以在《莊子．山木》裡面對於人跟天的關係作了這樣一種說明。並且，我們提到像「天人合一」四個字，最早就出於《莊子．秋水》。但他的說法不是「天人合一」，而是「人與天一也」，人跟天合成一個整體。

但是現在，人類總想擺脫和自然的那種關係，好像已經不在乎人和自然原本是一個整體。也因為過度地奴役自然，人類得到的報復也是非常巨大的。我們已經發現，自然界會報復我們，像現在的暖冬，全球氣候明顯變暖。氣候變暖意味著以後冰山會融化，海平面會上升；然後很多陸地將被淹沒，人類這樣做顯然得不償失。

事實上，荀子倒是主張人定勝天。在西方來說，這種觀點可以推到更久遠的上古。《聖經》裡面記載，上帝創造世界之後，再創造亞當、夏娃，對他們說，世界歸你們管了。這樣一來，人類認為自己是世界的管理者，可以統治這個世界。這種主宰思想後來成為整個西方文化的主導力量。我們中華文化一向是講究和諧的，儒家主張天人合德，荀子雖然是儒家的學者，但他提出了人定勝天觀點，是因為如果按照人類本來的樣子去生活的話，結果是混亂。所以他認為人是性惡的，當然是自私自利。所以一個人受了教育之後，要設法去調節、改造「自然」這一部分；人定勝天，「天」是代表我的自然的樣子，包括會跟別人競爭、鬥爭這些。人們就靠聖人提供的禮樂教化，來改造自己本來不太理想的部分。荀子是這個意思。道家則強調人與自然是一個整體，在整體裡面，一切都是和諧的。

說到人類想要去改變自然，莊子在〈天地〉篇曾經講過這樣一個故事：子貢前往南方的楚國遊歷，返回晉國時，經過漢水南岸，看見一個老人在菜園裡工作。這老人鑿通一條地道到井邊，抱著甕進去，裝水出來灌溉，花了許多力氣而效果不彰。子貢看到這種情況就建議，老人家，您這樣太辛苦了吧，效率不高，我建議你做一個桔槔（桔槔類似於後代在水井邊用來汲水的工具），你輕輕一按，水就噴出來了。老人家一聽，臉色變了，他說，我就是不喜歡這種想法，因為使用機械的人，一定會進行機巧之事；進行機巧之事的人，一定會生出機巧之心。機巧之心存在於胸中，就無法保持純淨狀態；無法保持純淨狀態，心神就不安定；心神不安定的人，是無法體驗大道的。所謂機巧，就是我想出一些花樣來達到某種目的，產生某種效力。這種機巧就會產生機心，就是我們現在講的心機，「有機械者必有機事，有機事者必有機心，機心存於胸中，則純白不備」，你有這種心思，心裡就會很亂，常常想，這個不錯，還有更好的嗎？其實我們現在的科技不就是如此嗎？你說電腦怎麼樣，有沒有更好的呢？心裡面七上八下，紛擾不安，一天到晚想有沒有新花樣可以取代過去的東西，產生更好的效率，到後來也許效率提高了，但是心也亂掉了。所以現在很多人享受科技上的方便，節省下來的時間，反而出問題了，感覺很煩惱，不知道該如何打發時間。

◎**人類一直在進步，這種進步的核心似乎就是被莊子稱為「機心」之物，因為不斷地有追求機巧的願望，所以人類的文明才得以發展至今。如果都按照莊子的想法，是不是我們人類就不要再進步了？**

這個問題正好是對道家最深刻的質疑。像老子所謂的小國寡民，真要如此，整個世界怎麼發展呢？所以我們只能想像一下古代的情況。第一，那時國土很大，少數人想要隱居沒有什麼問題，現在哪有什麼地方可以隱居呢？第二，天下戰亂，各國爭雄，稍微弱小的就被消滅了，就好像今天這個時代的經濟競爭。那怎麼辦呢？這個問題你要老莊回答，等於是提出宏觀的問題，老莊恐怕也沒有辦法給你一個清楚的答案。但是有一個根本的解決辦法，就是逆來順受。譬如現在使用電腦，使用高科技的產品，我反正生活在這個時代，這些不是我發明的，也不是我要或不要的，大家都這樣使用，我也這樣使用，但是我要設法不受它牽累，就是不被它干擾。我們所謂的逆來順受，一般人往往會把「逆」字當作外在的不好的一種情況，其實未必，道家所謂的「逆」是指所有違背自然的東西，你只要順受的話，就可以不把逆當逆了，也就是別人發明好的東西我用，但是我不放在心上，這是一個方法。

說到人和自然的關係，有一種說法是，如果把地球比作一個人的話，那麼人類就是地球的癌症，癌細胞並不會傳染，它要做的就是和母體同歸於盡，當人一死，癌細胞也就死了，現在人類好像要和地球同歸於盡。目前確實有這種類似的情況。這些年談到環保時有一句口號說得好：你要讓地球恢復生機的話，只要不打擾它就好了。也就是說讓地球休息，它自己就會恢復。我們現在常說，一個人生病的話，要吃藥、要打針；但地球不用如此，人類不要管它，不要再繼續傷害它，它就自己恢復了。這可以說是人類最幸運的地方。當然，即使把人類當成地球的癌細胞，說實在的，如果沒有人類的存在，地球再美，就好像很多外太空的星球一樣，再怎麼美也沒有什麼意義。為什麼沒有意義？因為「意義」這兩個字，只有對理性才有效。「意義」這兩個字是針對理解的需要而來的。有人，才有可能理解，有理解才會出現意義的問題。我們可以想像，在遠古的時代，比如侏羅紀，也就是恐龍的時代，我們要問，恐龍的生存有意義嗎？說實在的，它不是沒有意義，而是沒有意義的問題，根本與意義無關。

恐龍的生存有沒有牠自己所思考的意義，這就像是莊子在〈秋水〉篇說的「你不是魚，怎麼知道魚快樂」之類的問題了。為什麼？因為恐龍能不能思考，這些都還需要證據。那麼人類能不能思考？從任何一件人類發明的產品看來，就知道人類可以思考。譬如一隻蜘蛛，幾千年、幾萬年來結的網都是一樣的、大同小異的。所有的其他生物的本能表現出來，不管再怎麼精彩，也還是本能的表現。譬如，海裡面有一種魚，牠的整個外皮的顏色是千分之一秒就可以變化的，但是請問，牠永遠在這麼變，牠有任何改善的可能嗎？沒有。所以只有人類才擁有思考的能力，這一點很容易找到證據，至於其他生物，說實在的，如果各安其分，牠們也不會同我們競爭。因此，有關意義的問題只有人類才能夠掌握，除非我們證明有外星人存在。

◎**現在的一切，可能是人類對於欲望的擴展，對於文明的追求，在追求的過程中又不加節制，最後導致了現在的狀況。但是，在當前的狀況下，好像一輛開上高速公路的車，上去了就不能調頭回來了，所以現在要講天人合一、人與自然的和諧相處，是不是越來越困難了？**

要全人類都改變是不可能的，畢竟還有很多地方經濟落後，人們非要發展不可，不然活不下去；但是，有些地方的經濟早就已經超量發展了，但還在繼續發展，它們怕被趕上，就好像車子上了高速公路。所以今天這個時代特別需要道家。道家告訴我們要順其自然。莊子〈應帝王〉篇有一個比喻非常好：「至人之用心若鏡，不將不迎，應而不藏，故能勝物而不傷。」「至人」就是最高境界的人，「將」就是送走，「迎」就是歡迎。至人的心像鏡子一樣，外面來什麼就照見什麼，不會喜歡也不會討厭，不會歡迎也不會歡送，讓自己的心不受外界干擾。這是每個人都可以努力學習的事情。人生的困惑各人不同，不同的階段有不同的想法，我們學道家最主要的目的就是：當你不能改變大環境的時候，你只有改變自己。改變自己，回歸到自己本來的、自然的那種處境或者心情，這是唯一的路。所以，我們如果談到要解決現代人的困擾，道家至少是一個值得參考的選項。

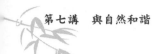

◎現在很多人活在世界上，感覺到很艱難，要如何避開煩擾的花花世界呢？有些人選擇：第一，住到郊區去；第二，出去旅遊，到大自然之中去尋找自己。這兩種選擇的方式，符不符合道家的思想？

我想這是一種即使不懂道家也會自然找到的方法。事實上，在歐美的先進國家，很多有錢人就是住在郊區，可以享受大自然。再看第二種方式，旅遊是一般人都可以做得到的，放假的時候到郊外走一走，到處都有美好的風景。以莊子來說，在〈齊物論〉最後有一段故事，說他住在鄉下地方，經常上山砍柴射鳥。有一次他靠著樹幹睡著了。睡著以後，夢見自己變成一隻蝴蝶，栩栩然自由飛翔，真是快樂。他在作夢的時候，不知道自己是莊子還是蝴蝶，忽然醒來才發現，我還是那個肚子沒有吃飽、僵臥在那邊，很憔悴的莊子。於是他就問自己：現在是蝴蝶夢見我嗎？還是剛才我夢見蝴蝶？因為我夢見蝴蝶的時候，我以為自己是真的蝴蝶。我們在夢裡面，常常覺得自己就是夢裡面的人或物。現在我醒來了，說不定正好是蝴蝶夢到我了，那麼到底我是蝴蝶或者蝴蝶是我呢？這個故事說明以下兩點。第一，人與萬物可以相通，你只要把自己個人的特定條件去掉，你與自然界是可以相通的。所以我們在年幼的時候，最喜歡聽童話故事，其中樹木會說話，黃鼠狼會說話，整個世界都充滿生命的力量，彼此可以相通。第二點，就是莊子下的結論，他說，萬物跟我還是有分別的。莊子一方面希望跟自然界打成一片，如「天人合一」、「與自然和諧」，另一方面又說，不能光是與自然和諧，人到死的時候，塵歸塵土歸土，不合一也不行了，所以這時，莊子就表現他思想的精彩，就是說：我與自然界還是不同，因為我是一個人，是人，就有缺點也有優點。莊子希望發揮優點，優點在什麼地方呢？在於可以透過修煉使自己「身如槁木，心如死灰」，再展現出「精神」來，一個人的精神展現出來的話，莊子所描寫的神妙的境界，全都有希望達到了。

可能有人想問，現在很多人都喜歡旅遊，而且號稱寄情於山水之中，到大自然當中去尋找自我。難道在現實生活之中尋找不到自己，只有在山水之間才能尋找到自己嗎？對的。為什麼呢？因為由道家的觀點看來，宇宙整體分為兩個部分，一個部分是自然界，我們的身體就屬於自然界，只要依規律運作的都屬於自然界，餓了需要吃，累了需要睡，這跟自然界其他生物差不多；另一個部分是人類特有的心智。但是人類太聰明，發明各種文明的產品，到最後反而不喜歡自己的生活，覺得自己變成一個螺絲釘，在大的機器裡面根本伸展不開，所以要設法到自然界裡面去旅遊，旅遊的時候發現，自然界的這一切有它的規律，這個規律叫做「自然的就是必然的」，找到規律之後，就不再有人為的各種所謂的智巧、技巧、機心這些，這樣一來的話，他會覺得在自然界裡面比較自在。你如果進入人的社會，一定要先問，你多大年紀啊？在哪裡工作？一個月薪水多少？有沒有希望啊？成就如何？有沒有孩子？所有的煩惱全都來了。所以，你回到自然界之後，就可以暫時忘記一個人在人的世界裡面所遭遇的各種束縛。你會發現，自然界同「道」比較接近。因為「道」產生宇宙萬物，人在宇宙萬物裡面最特別，有認知能力，這種認知能力演化出來，就是文化的發展。我們不能說文化一定不好，但是我們要說，文化很可能是使一個人離開自己的本性，讓他在文化的產物、人的社會網絡裡面，反而過得很不快樂，離道也越來越遠。

◎寄情於山水之間的出發點是好的，但現在很多人說是去擁抱大自然，實際上是走馬看花、拍些照片回家。有個順口溜很有意思，說出去旅遊「上車睡覺、停車撒尿、下車拍照、回去一問什麼都不知道。」這樣的所謂擁抱大自然，還有意義嗎？本來以為旅遊是一次和大自然建立感情的好機會，可是現在很多人都不知道其中的真諦，這是不是因為大多數人對自然的認識不太準確？我們應該如何看待自然，它是我們的奴僕，還是其他的什麼？

事實上前文所述不能算是擁抱大自然，只是隨俗從眾。現在旅遊風氣盛行，你也跟著參加旅遊，旅遊回來之後，給朋友看一些旅遊的照片，每一張都有你，而背後被遮住的風景反而看不到了。

甚至於很多人不是寄情於山水，而是寄物於山水，因為他留下了很多垃圾，留下了很多不該有的痕跡，這些對於山水來說，反而是一種傷害。我想山水有靈的話，也不會歡迎這種人的。

辛棄疾有一句詩：「我見青山多嫵媚，料青山見我應如是。」如果像前述的這種遊覽山水，山水不會見你「應如是」。在詩人筆下，類似的話相當多，譬如「相看兩不厭，惟有敬亭山」；程顥也寫了一首詩，裡面寫道：「萬物靜觀皆自得。」就是說，面對宇宙萬物，只要保持平靜的心情去欣賞，每一樣東西都是它本來的樣子，都值得我們去欣賞讚嘆。所以我們學習道家，應該就像蘇東坡所說：「凡物皆有可觀，苟有可觀，必有可樂，非必怪奇瑋麗者也。」─宇宙萬物一定有值得欣賞之處，只要能夠讓我們欣賞，必定能讓我們快樂，不必非找一些特別奇怪的風景名勝不可。你推開窗，打開門，一株小草、一朵小花都可以欣賞，這才是真正與自然界合而為一的精神。

那麼，人到底應如何看待自然呢？我的想法簡單說明如下。人對於大自然有四種態度。第一是競爭，第二是利用，第三是保護，第四是欣賞。通常我們會特別強調欣賞，但是你不能忽略前面三點，因為自然是整個宇宙都包含在裡面的。第一是「競爭」，你不管再怎麼喜歡大自然，上山碰到老虎、遇到毒蛇，那可要小心了，不要說這是屬於自然的就放心了，因為生物有競爭的關係，你還是要隨時保護自己。第二是「利用」，人類現在可以生存下去，都是因為農業科技的發展，充分地利用土壤，開發各種資源，讓人類活得下去。第三是「保護」，這裡又提到人類的責任了，譬如少數野生動物快要滅絕了，事實上滅絕的物種越來越多了，這時我們就要保護牠們，否則後代的子孫就不像我們那麼幸運了。保護自然界的植物和動物，也是在為我們的子孫後代造福。最後是「欣賞」。所以我建議競爭、利用、保護、欣賞四者兼顧，這樣你才不會寄情於山水的時候，忽然摔下山崖，或不小心碰到什麼猛獸了。

還有一種觀點認為，天地自然是我們的父母，我們應該恭恭敬敬地，每天都要好好地去服侍它們，這又是另外一個極端了。在宗教裡面有一種自然崇拜，在人類社會很早的階段就出現了。像太陽有太陽神，月亮有月亮神這些，這是一種特殊的信仰背景。如果今天強調環保，因此所有的科技統統停下來，經濟全都不要發展，人類就保持現狀，或者甚至回到比較原始的情況，我覺得，這種動機即使是好的，基本上也不可能實現。在莊子來看，他的順其自然也包括所有既成的事實。譬如科技已經發展到這一步，我不可能退回到過去。我們擔心的是，科技如此一路發展下去，到最後自己也無法收拾局面，又該怎麼辦呢？

延伸閱讀

1.《莊子・山木》

孔子窮於陳、蔡之間，七日不火食，左據槁木，右擊槁枝，而歌猋氏之風，有其具而無其數，有其聲而無宮角，木聲與人聲，犁然有當於人之心。

顏回端拱還目而窺之。仲尼恐其廣己而造大也，愛己而造哀也，曰：「回，無受天損易，無受人益難。無始而非卒也，人與天一也。夫今之歌者其誰乎？」

回曰：「敢問無受天損易。」仲尼曰：「飢渴寒暑，窮桎不行，天地之行也，運物之泄也，言與之偕逝之謂也。為人臣者，不敢去之。執臣之道猶若是，而況乎所以待天乎？」

「何謂無受人益難？」仲尼曰：「始用四達，爵祿並至而不窮，物之所利，乃非己也，吾命有在外者也。君子不為盜，賢人不為竊。吾若取之，何哉？故曰：鳥莫知於鷾鴯，目之所不宜處，不給視，雖落其實，棄之而走。其畏人也，而襲諸人間，社稷存焉爾！」

「何謂無始而非卒？」仲尼曰：「化其萬物而不知其禪之者，焉知其所終？焉知其所始？正而待之而已耳。」

「何謂人與天一邪？」仲尼曰：「有人，天也；有天，亦天也。人之不能有天，性也，聖人晏然體逝而終矣。」

2.《莊子・應帝王》

無為名尸，無為謀府，無為事任，無為知主。體盡無窮，而遊無朕，盡其所受於天而無見得，亦虛而已。至人之用心若鏡，不將不迎，應而不藏，故能勝物而不傷。

3.《莊子・齊物論》

昔者莊周夢為胡蝶，栩栩然胡蝶也，自喻適志與！不知周也。俄然覺，則蘧蘧然周也。

不知周之夢為胡蝶與，胡蝶之夢為周與？
周與胡蝶，則必有分矣。此之謂物化。

第八講

逍遙人生的最高境界

- 為什麼大多數人都覺得「逍遙自在」離我們很遙遠？
- 生活中天天都有那麼多煩惱，年輕的時候用健康換錢，年紀大了用錢換健康，在這樣的過程中，哪裡有快樂和享受？
- 如果每天都很有計劃地過日子，符不符合莊子的「道」？
- 「道」究竟在哪裡，過逍遙人生的秘訣又是什麼？
- 莊子有所謂「大美」，是要在天地之間去尋找的，在自然中才能找到真正的逍遙嗎？

曾經看過這麼一則故事，有一個在商海沉浮多年的成功人士，去海邊度假，看見一個衣著寒酸的漁夫在那兒晒太陽，他就上前攀談說，天氣這麼好，你為什麼不出海打魚啊？漁夫就說，我今天打夠了。商人覺得這個漁夫太不上進了，就勸他，你為什麼不多打些魚呢？如果你天天努力多打一些，說不定一年就可以買輛摩托車，兩年就可以買條新漁船，再過幾年可以有一個小冷藏庫，最後你可以開全球連鎖的魚罐頭廠。說這番話的時候，商人猶自激動不已。漁夫就問了，然後呢？商人立刻回答，然後你就可以逍遙自在地躺在這裡晒太陽，欣賞著大海的美景啊。沒想到漁夫冷冷地說，我現在不就是在晒太陽嗎？這個故事令人感慨，難道我們真的只有像那個商人一樣，直到功成名就後，才能找到屬於自己的逍遙人生嗎？

◎為什麼絕大多數人都覺得，逍遙自在是那麼遙遠的事情呢？

因為我們都把目標放在相對的價值上面。譬如前言故事中的富商，他奮鬥一輩子，現在有錢了，他覺得，自己今天的享受是前半生的努力所應得的；但是年紀已經大了，來日無多。而這個年輕的漁夫，他不懂得什麼大道理，只知道當下過得開心就是開心。在這裡就要分辨了，難道年輕的漁夫一定更懂得哲理嗎？未必如此。事實上，我們所知道的歐洲很多國家，像義大利、西班牙，他們的老百姓如果上班的話，中午休息不到下午三點鐘是找不到人的，看起來每天都好像在度假一樣，形成了一種社會風氣。因為他們認為，人生沒有必要那麼緊張。但是我們的儒家思想，使我們大多數的老百姓都相信，人生應該認真追求更高的目標。

莊子的想法呢？他認為從道來看，萬物構成一個整體，只要掌握到整體的觀念，明白自己這一生是一個整體，就不要在意是否前面努力了，後面才能快樂，因為努力的過程都是痛苦居多。就好像許多中學生心想，我考上大學之後就會快樂，這樣一來每天都是辛苦奮鬥，到了考上大學那一天，才發現原來並沒有想像中的那麼快樂。因為他現在又有畢業做為目標了；畢業之後進入社會，還不斷有別的目標，亦即永遠不能脫離一個相對的觀念。所以你要從整體來看，如果不能享受今天，又憑什麼說你會享受將來某一天？今天有今天的壓力，但是將來會有將來的壓力，如果了解這些道理的話，就會從整體來看，把自己的生命當成一個整體。不但如此，整個社會、整個人類也是一個整體，整個宇宙萬物也同樣是一個整體。在整體裡面，我們所有相對的壓力、相對的價值觀都可以化解。莊子不會說老富翁好或者年輕的漁夫好，他會說，這兩位都有值得欣賞的地方。

就好像平常嗑瓜子的時候，有兩種吃法，一種方法是一顆一顆吃；另一種方法是把瓜子全部嗑開，攢下一堆的時候，一口吃掉。很多中國人的生活更像是第二種，但是你怎麼知道在剝完畢之前，你會不會有事跑開呢？剝了半天之後，讓別人吃了。很多時候我們對於現實生活中的情況是這樣思考的，像我們現在常說，你的錢不是屬於你的，是屬於將來用這些錢的人。你的孩子用你的錢，所以錢是他的。如果你賺的錢自己不能用，這些錢當然不是你的，就等於說，你的生命不是你的，你一生都在追求一個目標，好好地攢錢然後可以好好地退休，那麼你在退休之前，你的生命都不是你的。這樣一來，你得到的是多少？莊子的整體觀點告訴我們，要想得透徹一點，只要把從開始到結束這個整體想一遍，就會覺悟了。莊子沒有叫你年輕的時候不要努力，該讀書還是讀書，該工作還是工作，跟別人都一樣，但是觀念可以不一樣。我每一天讀書的時候都覺得開心、快樂，每一天工作的時候也一樣，不會感到重複或乏味。不要常想，今天老板對我不太滿意，好久沒加薪了，想這些問題會使工作變成更大的壓力。我常常對學生說，有兩種生活態度，第一種是取得你所要的；第二種是享受你所有的。如果你把人生的快樂放在第一種，一定要取得我所要的，我才能快樂，那很抱歉，你不一定能如願以償，因為競爭太激烈，或者你得到你所要的東西而付出太高的代價。很多人都有這樣的經驗，得到了財富，身體卻不行了，有錢也無法享受。

◎現在很多人都在用青春賭明天，年輕的時候是用健康來換錢，到了年紀大的時候，用錢來換健康，人生就是這樣的反覆？在這樣的過程中，天天都有那麼多煩惱，哪兒來那麼多快樂和享受，要享受什麼？享受又在哪裡？

雖然人們可能抱持這種想法，但事實上健康往往是換不回來的，所以我們該學的是：享受你所有的。也就是說，針對自己現在的情況，安於自己的生命。以我自己來說，年紀也不小了，我只要早上起床時，發現牙沒有疼，或者手腳都還俐落，我就覺得很幸福了。因為我的身體現在還沒有構成困擾。另外，今天我有沒有非做不可的事，如果有，就以平常心待之，即使去演講，很多人等著聽我說話，只要我準備充分，盡我的能力，我講得好不好，對別人來說，也是生活的一小部分，何必那麼在意呢？通常我們的壓力來自於過度看重自己，認為什麼事非我不可，好像這個世界沒有我不行。使命感太強，到最後累死自己。這個時候就要記得，享受你所有的，你現在有什麼樣的條件，好好珍惜它吧。

另外，你最好有些規劃，譬如你今天有很多煩惱，你煩惱的是某些事情還沒有做完，那麼煩惱有用嗎？如果靠煩惱掉幾根頭髮，就可以把事情解決的話，那麼我也願意煩惱。但是你煩惱到最後，事情還是在那邊，還是沒有解決。這個時候你就要想，要作個規劃。我很強調規劃，以我自己來說，我這一生最大的挑戰就是在美國讀書的四年，每天用功十二小時以上，真是壓力很大，怎麼辦呢？規劃。我就靠這個，因為我到美國第一天就知道，此處非久留之地。我並不想留在美國工作，因為我知道我們在申請美國學校的時候，申請表上最後附一行話：No Discrimination.意思是「沒有歧視」，但強調沒有歧視代表就是有歧視。像外國人到中國來，我們怎麼會說「不要擔心，中國沒有歧視」？所以我到耶魯大學之後，有一些個人的問題造成了困擾，我心裡就想說，早一點畢業吧。我就開始規劃，四年之內需要考什麼科目、寫幾篇小論文、最後再寫一篇博士論文，連要寫什麼題目，我都大致規劃好了。同班同學都是來自英語系的國家，我能第一個畢業，完全是靠規劃。所以，你要避免煩惱，就訂一個目標，幾年之內要完成這個目標，開始規劃每天做多少事。人的煩惱往往來自缺乏計劃，各種事情鋪天蓋地，不知道該怎麼辦。其實只要用切割法，把大問題變成小問題，就能一個個解決。有一位教授上課時講了一個例子。在一片草坪裡，丟一塊錢銅板，讓大家去找，大家努力找，還是找不到。然後這位教授告訴學生一個辦法，把草坪分成一塊一塊，每個人找分配的那一塊，結果立刻找到了。這說明什麼？把很大的工作量，甚至整個一生的目標，分成幾個小的目標，但是每一個目標都作有機的連接，連接起來之後，就可以輕鬆達成大的目標。譬如有人問我，你寫作下筆好像很快。我確實下筆很快，怎麼練習的呢？我從翻譯開始，把英文翻成中文，翻譯多達兩百萬字。這種翻譯英文的訓練，用中文要求寫得很清楚，如此訓練出來之後，我一般寫文章可以意到筆隨。所以做任何事情，都需要規劃，有了全程的計劃，你才能享受每一個當下。

◎我們每天如果有計劃地去過日子，計劃得特別仔細，這個目標、那個目標細分，這樣還符合莊子所謂的道嗎？

可以這樣想。規劃是規劃，是因為我知道按照平均年齡來算，我大概可以再活多少年，所以我規劃下去。但是每天睡覺前都要問自己，我今天睡著了，明天還能醒來嗎？我明天醒來世界還在嗎？誰知道會發生什麼自然災難呢？這些都沒有人知道。所以，規劃由你做，但能不能繼續照你規劃的發展，那不是由你定的。莊子常常提醒我們，天有它的安排，就是自然有它的安排，人只能是盡人事聽天命。這種心態在道家可以說是一個基本的原則，因為他把道當作整體來看，所以發生的事情都不是偶然的，所有的事情都是有各種條件配合才形成的。你說，哎呀，我沒有料到發生這種事，這是藉口。任何事情的發生一定是你可以料到的，只是你疏忽了而已。所以我建議，每一個人都要把自己生活裡面各種人事問題、各種物質條件理解清楚，然後要做什麼事，它的阻力是什麼，它的助力是什麼，都掌握住。你在做的時候，自然是水到渠成。我年輕的時候有一個座右銘，我自己非常喜歡，叫做「舉重若輕」，別人做起來累得要命，你做起來非常自然。每一個人在自己的本行裡面就要有這樣的訓練，就是把別人看來困難的事做得很自然，我天生是要走這條路的，我就在我這個分內，把自己訓練好。

◎我們常說，如果你掌握了道，那你就一切OK，可是道在哪裡？

道無所不在，道是一個整體。《莊子・知北遊》提到東郭子問莊子的一段話，可以表達這個觀念。東郭子當然是假名了，東郭子問莊子，你一天到晚談道，道在哪裡啊？很多人都喜歡問「在哪裡」？說實在的，對於道家來說，這個問題很難回答。我有個香港朋友，他說他帶女兒第一次坐飛機時，女兒只有七歲。飛機到了天上之後，女兒就一直往窗外看，他問女兒說，你在找什麼？她說：我在找上帝啊，因為從小老師就告訴我們，上帝在天上，我今天第一次坐飛機，當然要找上帝了。這說明很多小孩子跟大人一樣，都要問「在哪裡」。學習道家最大的問題就在這裡，因為道不可見，但是道在哪裡呢？

東郭子問了之後，莊子回答說，道無所不在。我先說明這四個字的奧妙，無所不在就是每個地方都有道，因為道是母親，生出萬物來，離開道就沒有萬物，所以道無所不在。但是請記得，無所不在不等於無所不是，了解道家的觀念就會明白，「在」不等於「是」，你講「是」，劃上等號——「道就是萬物」，那就糟糕了，萬物有變化，萬物消失了，道不就不見了嗎？老莊對於道的規定就是：萬物再怎麼變化，可多可少，可有可無，道卻永遠不變。所以要說，道「無所不在」，而不能說道「無所不是」。接著東郭子繼續追問，非要莊子講清楚不可，莊子只好說，道在螻蟻。螞蟻這麼小的昆蟲怎麼會有道呢？東郭子說，怎麼會這麼卑下呢？莊子就說，道在稊稗。稊稗就是一般所說的雜草。剛剛還是昆蟲，現在變植物了。東郭子說，怎麼越說越卑下了呢？莊子說，道在瓦甓。瓦甓就是瓦片，剛剛還是植物，有生命，現在變成礦物。東郭子說，怎麼越說越過分了呢？莊子說，道在屎尿。變成了排泄物了，東郭子嚇得不敢再問了。再問的話，不知道莊子會說出什麼可怕的髒話來。莊子為什麼說道在於這樣的東西裡呢？他就是要提醒你，道絕不是只有在天上，不要以為道高高在上。任何地方都有道，你以為很卑下嗎？不要忘記，凡存在之物，都需要道的支持。你覺得卑下，是人的價值觀在影響你。所以你有這種主觀的感受。

接著莊子講一個故事，談到「每下愈況」，以此來說明「道」。每下愈況是什麼樣的背景呢？有一個市場監督官，到市場去問賣豬的，哪一隻豬比較肥？在今天當然是拿秤來稱了。但是豬很大，你又不能像卡車一樣讓牠走過地磅。賣豬的就回答「每下愈況」。他的意思是，要知道哪一隻豬比較肥，需要用腳去踩豬的腿，踩大腿都是肥肉，就要往下踩，越往下踩，踩到小腿還有肉的，當然是更肥的了；踩到豬蹄邊都是肉的，那就不用說了。「每下愈況」翻譯成白話文就是，每一次腳往下踩，都可以踩到肉。這代表越肥的豬，越可以讓你踩到牠的肉。莊子接著說，道無所不在，你踩那隻豬，越往下還有肉的越肥，然後你在任何地方踩都是道。他是這個意思，用來描寫道無所不在。不過他用肥豬來做比喻，實在是出乎意料。

這個「道無所不在」也可以對比我們的生活態度。很多人認為我們的人生應該是先苦後甜，以苦追甜。實際上，這樣想的人沒有意識到，在我們的一生當中，甜始終在跟隨著我們，如果你想追求終極的甜，恐怕是一個很虛無的目標。所以我們說「取得你所要的」，壓力很大，一輩子辛苦奮鬥。「享受你所有的」，當下就可以享受。譬如我們以前教孩子，孩子會說，別人有那麼好的玩具，我都沒有。做父母的就要說，別人有的你沒有，但你有的別人也沒有啊。你也可以找到一些玩具說，看，這是你有的，別人沒有。如果老是羨慕別人，你一輩子真是不知道該怎麼辦才好；如果珍惜自己所擁有的東西，就很容易滿足。我們常講老子的知足常樂，就跟這個典故所引發的「道無所不在」，是出於一樣的智慧。

◎如何跟隨莊子達到逍遙人生的境界，達到逍遙的終極秘訣是什麼？

這個問題，在莊子來說呢，他會用一個簡單的概念，叫做「外化而內不化」。

「外化」就是外表的言語行動跟其他人都完全一樣，這是從老子學來的，「和光同塵」，光芒不要太亮，最好緩和一下，有灰塵也沾一點，不顯得過於乾淨，引起別人的側目。這是外化。外化與儒家其實沒有什麼嚴重的衝突，儒家是標準的社會生活模式，跟任何人來往都要記得：內心感受要真誠，同時留意對方的期許，好好溝通，然後社會規範要遵守。這三方面可以使你在社會上和人相處沒有問題。莊子肯定我們在社會上最好能夠與人和睦相處，不要給別人壓力，但是更重要的是內不化。

有人會把所謂的「內不化」理解成外圓內方，事實上有一點這種味道。但是內方不是一種個性上的表現或者採用某種行為的模式。內不化是說，我的內心同道在一起，沒有任何改變，因為不需要改變。道代表整體，道無所不在，內心覺悟到道，就會覺得很滿足了。外化是隨遇而安，隨著整個情況而變化，順人而不失己。我順從別人，但不失去我自己，因為我自己與道在一起。「內不化」則是強調，不要忘記，你與道在一起的時候，已經可以自足了，外在就隨順整個社會的趨勢去行動，不要有衝突，也不要有矛盾。莊子在〈天下〉篇裡描寫他自己的情況，他說，往上我「與造物者遊」，往下「與外死生無終始者為友」，還有另外一句，「獨與天地精神往來，而不敖倪於萬物。」對萬物，不去輕忽它；「不譴是非，以與世俗處」，不去議論別人的是是非非，跟世俗相處得很好。與天地精神往來，是我的內不化；跟世俗相處得很好，沒有什麼爭論，則是我的外化。

這樣的人，在現實生活中，比較明顯的表現是：外表上尊重每一個人，跟別人沒有什麼衝突，不去辯論也不去爭奪，人棄我取，人取我棄。這樣的態度叫做外化。但他內心裡面，常常保持平靜、快樂。有些人外在跟別人化的時候，心裡很不甘願，不然就是外面化了，內在說不定也跟著化了，到最後外化內也化，不知道自己是誰了。

人要做到與世無爭，才是真正的外化而內不化。而所謂的與世無爭，是看得很長遠。就是說，你要的我一定不跟你爭，但是當你們都不要的時候，我就拿到了。我女兒的星座跟我一樣，我喜歡什麼，就知道她也喜歡什麼。譬如一只手錶，我知道她想要，我就說這只手錶我不要，給你好了。她就說，你不要了，我為什麼要呢？我說，你真的不要了？她說，真的不要。我說好，那我要了。這就是使用道家的方式，設法讓別人發現，你跟他之間沒有什麼好爭的。就像打太極拳，你進我就退，你退我就進，能夠隨著整個環境變化，而不讓自己過於辛苦地去追求目標，並因而付出太大的代價。

世界上有另一種人，他是外不化，內也不化。外不化三個字就代表這種人頑固得不得了，完全跟這個世界不能配合。別人東他就西，你們穿西裝，我穿古裝，非要如何不可。現在有些人提倡國學，一定要重現古代的格局，小朋友都要穿上唐裝、漢服，穿著古代的服飾，這叫做標準的外不化。要跟古人完全一樣，就要回到那個時代，那為什麼不學習孔子的春秋時代，那時候的服裝更古典也更不方便了。

另外還有一種情況就是外也化了，內也化了。一般人可能會想，這種人處世的時候，就左右逢源，很吃得開，但說他吃得開，他其實常常處在一種惶恐不安的狀況中。因為內化了，自己不知道自己在做什麼，沒有任何原則，隨時都要注意：今天風尚如何？最近有什麼時髦的東西？於是跟著別人走，別人吃什麼樣的美食，推出新的菜，要去嚐一嚐；別人談論什麼話題，跟著去聽一聽。像這些都是內也化，完全不知道自己是誰。剛剛所說的外不化是很頑固的，內化則是完全沒有了自我。

◎現在很多人提出，與其在人群當中逍遙自在，何不到自然中去尋求逍遙自在呢？莊子有所謂「大美」，是要在天地之間去尋找的，在自然中才能找到真正的逍遙嗎？

沒錯。道家對自然界比較肯定，是因為自然界本身有它的規則，如果沒有人類參與的話，自然界本身也值得欣賞。莊子乃至整個道家的思想也是如此，要化解儒家過度的以人為中心。道家認為，我們應該以萬物的本身為其價值的來源。譬如在《莊子・齊物論》裡問：什麼樣的對象是美的？我們都認為，古代毛嬙、驪姬、西施是美女。但是他說，你錯了，驪姬、西施這些美女到河邊去的時候，魚嚇得游走了，天上的鳥兒嚇得飛走了，麋鹿則像見到鬼一樣，跑得飛快。因為對於一頭鹿來說，最美的是另外一頭鹿；對一條魚來說，最美的是另外一條魚。人類往往認為，我們是唯一的標準。但莊子喜歡觀察自然界，這時就會發現，每一種東西都有其本身的需求所帶來的各種應有的條件，並且每一種東西在適當的時候都可以扮演一個主角。譬如中藥的藥材，有時候需要藥引子，藥引子都是很便宜的，但是沒有這個便宜的藥引子，藥效不能發揮。就好像老子有一句話：「天地不仁，以萬物為芻狗。」「芻狗」是古人祭祀的時候，用草紮成幾隻狗，放在祭桌上。當你放上祭桌的時候，人人都要向它跪拜；但是祭祀完之後，芻狗就被丟掉，任人踐踏或撿去當柴火燒。這就說明萬物的榮枯是有時間的，天地沒有什麼偏愛哪一方面的問題，從這一方面來看，宇宙萬物確實有值得欣賞的部分，所以莊子說「天地有大美而不言」。〈知北遊〉的整段話是：「天地有大美而不言，四時有明法而不議，萬物有成理而不說。」春夏秋冬，有明確的規則，它不用商量；萬物都有其現成的道理，它不用宣示。「聖人者，原天地之美而達萬物之理」，聖人，就是要存想天地的美妙，而通達萬物的道理。

莊子對聖人有複雜的感情，在《莊子》裡聖人分兩種，儒家的聖人不太好，道家的聖人了解天地的美，並且了解萬物的道理。我們說到天地的美，西方學者研究莊子，都會用一個詞，叫做「密契主義」，以前翻譯作神秘主義，大家比較熟悉。翻譯的目的是要讓人理解，盡量不要讓人誤解。我為什麼不願意翻譯成神秘主義呢？因為中文「神秘」二字有負面的意思，我們說，張三這個人神秘兮兮，這不是好話。但西方講到密契主義的時候，很少有壞的含意，它屬於宗教裡面最高的合一境界。譬如，你看到一個老太太，在念佛經，念到最後忘我了，忘了自己是誰。她覺醒過來的時候，發現內心充滿能量。同樣，很多人在信仰宗教的過程中，有一種忘我的經驗，忘了自己是誰，醒來之後，感覺內心充滿很大的力量，然後發揮愛心，可以做成很多偉大的事情。這就叫做密契主義。

另外，方才提到的「忘我」，對莊子來說也是一個重要的概念。莊子特別提到「忘」，還要忘了「忘」。他說，真正舒服的鞋子，讓你穿的時候忘記腳的存在；真正舒服的皮帶，讓你繫的時候忘記肚子的存在。真正的最高的忘是連忘也忘了，這就是莊子的描述。這些例子就說明，要從整體來看，人在整體裡面，從來沒有離開過這個整體，莊子只是想恢復你原來的樣子。密契主義在西方是非常特殊的詞，用來描寫宗教修行的境界，在《莊子》裡面，「密契經驗」則是順手拈來。所以西方學者在談到莊子的時候，在這一點上非常讚賞。他們認為，一個古代的中國哲學家居然可以用這樣的一種簡單的描述講出深刻的道理。我們說到「天地有大美而不言」這一段的時候，就會發現，宇宙萬物無一不美，為什麼美呢？因為道使它存在。美代表值得欣賞，只要道讓它存在，它就有值得欣賞的部分。凡存在皆來自道，所以凡存在皆為美。

也就是說，無論在我們所認為的自然當中，還是在社會的體系當中，都無所謂，也都能夠找到逍遙自在的感覺。因為這裡面有個最重要的方法，就是忘。前面談到人籟、地籟、天籟的時候，曾經說過，連剎車的聲音聽了都覺得是天籟，為什麼？因為它有它出現的條件，條件成熟了，它出現了；它出現了，我接受，而不會說我不喜歡。莊子提醒我們，要把個人的喜怒哀樂盡量去掉，對所有的一切，與其產生某種情緒的反應，不如理解它為什麼發生，只要理解它為什麼發生，以及它非發生不可，那就接受它，欣賞它。這樣一來，每一個人活在世界上，譬如對孩子讀書成績不太滿意，就改變看法變成滿意；對朋友或同事有意見，就不要執著於這個意見，把它們統統當作像天籟一樣的聲音，把所有的一切當作自然的就是必然的，本來就是如此，你就不會有太多的個人情緒反應。把現實作為自然來接受，忘記喜怒哀樂的標準，就能達到逍遙的體驗。

◎在現實生活當中，想要實踐道家思想時，會遇到一個問題，就是沒有辦法去除儒家思想這麼多年來帶給我們的影響。在現實生活當中，遇到這種困惑到底該怎麼解決呢？

儒道兩家在歷史上各有其發展的背景，這是事實。一般的道理是這樣的，得意的時候做儒家，失意的時候只好做道家；或者說年輕的時候做儒家，年老了做道家。這是古人的一種說法。如果從我的分析來看，我會覺得，我們講求真善美的人生，但是三者要合一很不容易。一般來說，儒家所追求、掌握的是以善為主，這個善代表我與別人之間適當關係的實現。所以儒家很強調以人為中心、以社會為中心。人與人之間若要保持和諧，就要用儒家的方式來進行修養，到最後整個社會也可以穩健發展。儒家不是不講「真」，不是不講「美」。講「真」是「知之為知之，不知為不知，是知也」，代表實事求是。

講「美」是做到盡美但是不一定盡善，盡善才是真正要求的目標。所以儒家對於善的把握符合人性向善的要求。

道家不一樣，道家說，儒家講善永遠有一個缺點，一講善就要設定一個標準，一有標準就可能出現各種虛偽的情況：我來迎合你，陽奉陰違，表面上這麼做，內心是另一回事。所以，在莊子來說，他要設法做到掌握「真」。真有兩種，一種是相對的真，我們現在活著，很多人跟我們一樣在世界上活動，這是相對的真。因為我們在變化之中，一百年前沒有我們，一百年後也沒有我們。另外一種就是「道」，代表「究竟真實」，就是絕對的最後的真實。像我們說的，道無所不在，所以永遠不受影響，沒有變化。掌握住道，你就掌握了最後的真實，往上一跳就是最終的美感，從真到美。美是值得欣賞。所以講到真善美的時候，儒家的重點在於善，道家則在於真和美，這三者可以這樣配合起來。我們常說，儒家、道家彼此互相有些意見，是有些意見，但不見得是不能相容的。

總結起來，可以這麼說，年輕的時候要先把儒家學會，我贊成國學以儒家做為普遍推廣的材料，讓孩子們從小就開始知道：進行某種道德修煉對人生是有必要的，如此便於將來進入社會。但是一定要記得，到了中年階段要設法學一點道家，否則容易過於執著或者以為在社會上就是爭取名利權位，追求各種有利的條件而已。人到中年以後，要了解人生各種善惡的報應不能只看當下，而要看整體。能從道來看，宇宙萬物都值得欣賞。這時心情就變得不一樣了，如果你到了中年還不懂道家，就很可惜，錯過了莊子的智慧了。

延伸閱讀

1.《莊子・知北遊》

東郭子問於莊子曰：「所謂道，惡乎在？」莊子曰：「無所不在。」東郭子曰：「期而後可。」莊子曰：「在螻蟻。」曰：「何其下邪？」曰：「在稊稗。」曰：「何其愈下邪？」曰：「在瓦甓。」曰：「何其愈甚邪？」曰：「在屎溺。」東郭子不應。

莊子曰：「夫子之問也，固不及質。正獲之問於監市履狶也，每下愈況。汝唯莫必，無乎逃物。至道若是，大言亦然。周、遍、咸三者，異名同實，其指一也。嘗相與遊乎無何有之宮，同合而論，無所終窮乎！

嘗相與無為乎！澹而靜乎！漠而清乎！調而閒乎！寥已吾志，無往焉而不知其所至；去而來而不知其所止，吾已往來焉而不知其所終；彷徨乎馮閎，大知入焉而不知其所窮。物物者與物無際，而物有際者，所謂物際者也；不際之際，際之不際者也。謂盈虛衰殺，彼為盈虛非盈虛，彼為衰殺非衰殺，彼為本末非本末，彼為積散非積散也。」

2.《莊子・天下》

芴漠無形，變化無常，死與生與？天地並與？神明往與？芒乎何之？忽乎何適？萬物畢羅，莫足以歸，古之道術有在於是者，莊周聞其風而悅之。
以謬悠之說，荒唐之言，無端崖之辭，
時恣縱而不儻，不以觭見之也。
以天下為沉濁，不可與莊語。以卮言為曼衍，以重言為真，以寓言為廣。
獨與天地精神往來，而不敖倪於萬物，不譴是非，以與世俗處。
其書雖瑰瑋而連犿無傷也，其辭雖參差而諔詭可觀。
彼其充實不可以已。上與造物者遊，而下與外死生、無終始者為友。
其於本也，弘大而辟，深閎而肆；其於宗也，可謂調適而上遂矣。
雖然，其應於化而解於物也，
其理不竭，其來不蛻，芒乎昧乎，未之盡者。

傅 佩 榮 作 品 集 2 0

人生困惑問莊子〔第一部〕

國家圖書館出版品預行編目（CIP）資料

人生困惑問莊子 . 第一部 / 傅佩榮著 .
-- 增訂新版 . -- 臺北市：九歌 , 2020.10
面； 公分 . -- (傅佩榮作品集 ; 20)
ISBN 978-986-450-312-4(平裝)
1.(周) 莊周 2. 學術思想 3. 人生哲學
121.33 109013504

作　　者——傅佩榮
創 辦 人——蔡文甫
發 行 人——蔡澤玉
出版發行——九歌出版社有限公司
臺北市八德路 3 段 12 巷 57 弄 40 號
電話／ 25776564 傳真／ 25789205
郵政劃撥／ 0112295-1

九歌文學網 www.chiuko.com.tw

印　　刷——晨捷印製股份有限公司
法律顧問——龍躍天律師 · 蕭雄淋律師 · 董安丹律師
初　　版——2013 年 9 月
增訂新版——2020 年 10 月

定　　價——280 元
書　　號——0110820
I S B N——978-986-450-312-4

國家圖書館出版品預行編目資料

人生困惑問莊子 / 傅佩榮著. -- 初版. --
臺北市：九歌, 民102.09
面； 公分. -- (傅佩榮作品集 ; 10)
ISBN 978-957-444-896-8(平裝)

1 .(周)莊周 2. 學術思想 3. 人生哲學

121.33 102014057